教育部 2021 年度高校思想政治理论课教师研究专项一般项目（优秀中青年思政课教师择优资助项目）"高校思政课教学语言艺术研究"资助。（项目批准号：21JDSZK134）

高校思政课教学语言艺术研究

孟 婷 著

吉林大学出版社

·长 春·

图书在版编目(CIP)数据

高校思政课教学语言艺术研究 / 孟婷著.—长春：吉林大学出版社，2023.10
ISBN 978-7-5768-2552-7

Ⅰ.①高… Ⅱ.①孟… Ⅲ.①高等学校－思想政治教育－教学研究－中国 Ⅳ.①G641

中国国家版本馆 CIP 数据核字(2023)第 221506 号

书　　名：	高校思政课教学语言艺术研究
	GAOXIAO SIZHENGKE JIAOXUE YUYAN YISHU YANJIU

作　　者：孟　婷
策划编辑：黄国彬
责任编辑：张维波
责任校对：闫竞文
装帧设计：姜　文
出版发行：吉林大学出版社
社　　址：长春市人民大街 4059 号
邮政编码：130021
发行电话：0431－89580036/58
网　　址：http://www.jlup.com.cn
电子邮箱：jldxcbs@sina.com
印　　刷：天津鑫恒彩印刷有限公司
开　　本：787mm×1092mm　　1/16
印　　张：10
字　　数：160 千字
版　　次：2025 年 1 月　　第 1 版
印　　次：2025 年 1 月　　第 1 次
书　　号：ISBN 978-7-5768-2552-7
定　　价：58.00 元

版权所有　翻印必究

前　言

"言传身教"是教师的职责所在,而"身教"的前提是"言传";"传道授业解惑"是教学的基本功用,而"授业解惑"的前提是"传道",足见教学语言在教育过程中的重要地位和作用。教学语言艺术水平的高低直接决定着教育者语言的吸引力、感染力、说服力和学生对语言的接受度、认可度、信任度,进而成为教学效果的最直接影响因素。对思想政治教育学科而言,语言的重要作用愈发凸显。因为思想政治理论的宣传工作须臾离不开语言,其本质上就是一种将教育者言说之理传递给受教育者,使其自觉内化于心、外化于行的过程。

若思政课难以"入耳",又遑论"入脑""入心"？高校思政课需要聚焦"说"的艺术,既要厘清"由谁说""说什么",更要弄懂"如何说"。然而在现实的高校思政课教学过程中,对教学语言艺术的重视程度与教学语言艺术的重要程度并不匹配。高校作为人才培养的主渠道,思政课作为国家主流意识形态宣传的主阵地,高校思想政治教育的发展拥有国家政府层面的政策支撑、财力支援等强大的后备力量,有广大一线思政课教师煞费苦心的改革试点试验,有广大思想政治教育学者笔耕不辍的潜心钻研,有广大思想政治教育工作者兢兢业业的辛苦付出,这些都推动思政课教学改革如火如荼。但在思政课发展繁荣兴盛、热闹非凡的同时,其课堂实效性仍不尽人意。高校思政课似乎陷入了发展的"怪圈"：一方面是国家、政府等层面持续加大的重视度和支持度；另一方面是高校思政课堂上"低头族""瞌睡族""手机族"仍屡见不鲜,课堂出席率、抬头率、实效性"三低"问题难以解决。揆诸时下,提升课堂实效性的思政课改革举措多聚焦于学科整体建设、教学内容丰富、教学方法创新、教师队伍建设、教学评价体系等方面，而以"语言"为切入点探寻出路者鲜有。诸多内容改革、方法创新等方面的尝试和努力虽取得一定成效，但在实际教学中往往又因最后无法与受教育者达成话语通达而未能收获最好的实际效果。教学语言作为教育内容、教学方法等思想政治教育各方面的开展必须借助而无法规避的中介桥梁，高校思政课教学语言艺术的不足直接制约和迟滞了思政课诸多方面改革的步伐。

高校思政课教学语言艺术不足的问题多年来一直存在。诸多高校思政课教学话语的言说方式长期较为单一，主打风格为传统的"满堂灌"模式抑或是"中规中矩"的"传道"模式，存在一定程度上的"生冷硬""假大空"问题，易催生"自说自话"的教学囹圄。"话语表达陷入为人所诟病的'假、大、空'的窠臼，生搬硬套、粗糙说理，公式化、概念化的这种单兵突进方式已难敷其用。"[①]特别是在新时代背景下，新话语不断创生，智能技术的精进和新媒介的更新换代形塑了话语传播的新格局，高校思想政治教育的时代语境迎来了从相对封闭转向自由开放，从单一简单到多元复杂的重要转变。新时代要求高校思想政治教育"因事而化、因时而进、因势而新"，要求高校思政课教学语言"因时而言"。

虽然高校思政课教学语言艺术不足的问题在一定程度上迟滞了思政课改革的步伐，但反过来看，这也使得高校思政课教学语言艺术存在"大有可为"的空间。在高校思政课改革如火如荼、赓续推进下，重视并提升思政课教学语言艺术水平或许可以成为推进高校思政课教学改革，提升思政课课堂实效的重要"破冰点"。

孟　婷

2023年6月

[①] 张志丹. 意识形态功能提升新论[M]. 北京：人民出版社，2017：127.

目 录

第一章　高校思想政治理论课教学语言艺术的相关概念解析 …………（1）
 一、高校思政课教学语言艺术的概念内涵 ……………………（1）
  （一）语言的多维涵义 …………………………………………（1）
  （二）教学语言的定义、功用和分类 …………………………（2）
  （三）教学语言艺术的定义和特征 ……………………………（4）
  （四）高校思政课教学语言艺术的定义及其重要性 …………（6）
 二、高校思政课教学语言艺术的影响因素和内容层次 ………（7）
  （一）高校思政课教学语言艺术的多种影响因素 ……………（7）
  （二）高校思政课教学语言艺术的三个层次 ………………（10）
 三、高校思政课教学语言艺术的运用原则 …………………（12）
  （一）政治方向为本 ……………………………………………（12）
  （二）教育规律为根 ……………………………………………（14）
  （三）时代发展为基 ……………………………………………（16）
  （四）价值旨趣为魂 ……………………………………………（17）
 四、高校思政课教学语言艺术的理论遵循 …………………（19）
  （一）马克思主义相关理论 ……………………………………（19）
  （二）思想政治教育相关理论 …………………………………（26）
  （三）其他学科相关理论 ………………………………………（31）

第二章　高校思想政治理论课教学语言艺术的发展历程……(34)
一、新民主主义革命时期高校思政课发展情况及其教学语言特色分析……(35)
(一)五四运动和中国共产党创立时期思想政治教育的语言特色……(35)
(二)大革命时期高校思政课发展情况及其教学语言特色……(37)
(三)土地革命时期高校思政课发展情况及其教学语言特色……(39)
(四)抗日战争时期高校思政课发展情况及其教学语言特色……(41)
(五)解放战争时期高校思政课发展情况及其教学语言特色……(43)

二、社会主义革命和建设时期高校思政课发展情况及其教学语言特色分析……(45)
(一)中华人民共和国成立初期高校思政课发展情况及其教学语言特色……(45)
(二)社会主义初步探索时期高校思政课发展情况及其教学语言特色……(47)

三、改革开放和社会主义现代化建设新时期高校思政课发展情况及其教学语言特色分析……(49)
(一)改革开放初期高校思政课发展情况及其教学语言特色……(49)
(二)20世纪90年代高校思政课发展情况及其教学语言特色……(50)
(三)21世纪初期高校思政课发展情况及其教学语言特色……(52)

四、新时代高校思政课发展情况及其教学语言特色分析……(54)
(一)将思政课建设"摆上重要议程"……(55)
(二)高校思政课建设取得突破性进展……(56)
(三)高校思政课教学语言艺术的有益探索和任重道远……(58)

第三章　高校思想政治理论课教学语言艺术的现状调研和问题分析……(62)
一、高校思政课教学语言艺术的调研设计……(62)

（一）网络调查问卷设计……………………………………（63）
　　（二）实地调研和访谈实录…………………………………（64）
　　（三）调研结果概述…………………………………………（67）
二、高校思政课教学语言艺术不足的具体表现……………………（70）
　　（一）语言风格："满堂灌""一言堂"较为常见……………（71）
　　（二）语言内容：从概念到概念的文本式话语堆叠…………（73）
　　（三）语言对象：泾渭分明的主客体定位……………………（75）
　　（四）语言语境：严肃有余，温情不足………………………（78）
　　（五）语言运用：技巧单一，载体滞后………………………（81）
三、高校思政课教学语言艺术不足易引发的风险挑战……………（83）
　　（一）高校思政课教学语言功能失衡的风险…………………（83）
　　（二）高校思政课教学语言传递效果弱化的风险……………（85）
　　（三）大学生话语空间下主流话语在场感淡化的风险………（86）
四、高校思政课教学语言艺术不足的原因剖析……………………（88）
　　（一）理论原因：学科属性制约下语言特色的影响…………（88）
　　（二）现实原因：对教学语言艺术的整体重视度不足………（89）
　　（三）历史原因：传统思政课教学语言风格的遗留影响……（90）
　　（四）时代原因：智能技术给教学语言艺术带来诸多挑战…（93）
　　（五）个体原因：对教学语言艺术的无意忽略和有意漠视…（95）

第四章　高校思想政治理论课教学语言艺术水平的提升策略和价值目标
　………………………………………………………………………（99）
一、高校思政课教学语言艺术水平的提升思路……………………（99）
　　（一）高校思政课教学语言艺术水平提升的总体思路………（99）
　　（二）高校思政课教学语言艺术水平提升的具体思路………（101）
二、高校思政课教学语言艺术水平的具体提升任务………………（101）
　　（一）有理讲理，常说"有道理"的话………………………（101）
　　（二）直面生活，多说"接地气"的话………………………（104）
　　（三）回应现实，敢说"有棱有角""有破有立"的话………（107）

(四)旁征博引、巧譬善喻,能说"有意义有意思"的话 …………(110)
(五)守正创新,会说"新潮话""流行话""时尚话" …………(112)
(六)革新载体,穿插有"动态感""画面感"的话 …………(113)
(七)下沉权利,力臻说"平等话""互动话""圈内话" …………(116)
(八)打造意境,不忘说"有节奏""有氛围""有温情"的话 …………(119)

三、高校思政课教学语言艺术水平的提升目标和价值旨归 …………(122)
  (一)提升目标:打造高校思政课教学语言的艺术特色 …………(122)
  (二)价值旨归:使人作为人而成为人 …………(125)

四、高校思政课教学语言艺术水平提升的注意事项 …………(128)
  (一)"一与多"统一的语言艺术风格 …………(128)
  (二)"变与不变"的语言艺术信条 …………(129)
  (三)"从两级到中介"的语言艺术思维 …………(132)
  (四)"AI+"赋能的语言艺术趋势 …………(133)
  (五)"无声似有声"的语言艺术辅助 …………(135)

结语 …………(138)

附录:调查问卷 …………(140)

第一章 高校思想政治理论课教学语言艺术的相关概念解析

一、高校思政课教学语言艺术的概念内涵

(一)语言的多维涵义

语言是由语音符号和语义符号组成的符号体系。根据德国出版的《语言学及语言交际工具问题手册》记载,世界查明的语言种类多达 5 651 种。语言在不同历史文化的积淀下赓续丰富和精进,发展出了不同国家、民族乃至区域的专属体系。其中,汉语是全球母语使用人数最多的语言,英语是全球使用最为普及的语言。虽然种类繁多,但不同语种基本都由相对统一和固定的语音符号和语义符号两个基本要素构成。语音和语义的结合让人们可以通过话语的言说表达内心所想、实现思想沟通。至于何种语音表达何种语义,则是人们在长期的劳动实践和交往活动中逐渐摸索进而约定俗成、相沿成习的。在这个意义上,可以将语言理解为:人们用不同的声音表达不同含义的符号体系,是一种音义结合的符号体系。其中语音是语言的物质外壳,语义是语言的思想内核。

语言是思想的直接现实。人的意识活动借助语言向外展开,语言是人们内心所思所想的载体,因而在解读语言时首先想到的便是语言的思想性。《辞海》中如此定义语言:"它同思维有着密切的联系,是思维的工具,是思维的直接现实。"[①]语言是思想的表征,承载着思想的表达、转化和传递,它既是

---

① 夏征农. 辞海[M]. 上海:上海辞书出版社,1989:1036.

思想的直接体现，也是思想的现实结果。

语言是沟通交流的工具。自人类诞生肇始，语言就是人类沟通交流的介质要素。在原始社会，人类的沟通交流仅限于咿咿呀呀的简单语言，同时辅以比比画画的肢体语言、表情语言，尚未形成固定的语法规则、表达句式和含义指向。随着生产力的跃迁和人类文明的进步，语言愈发体系化、科学化、多样化，不仅语言表达方式从口头语言、肢体语言、表情语言等形式扩展至图像语言、视频语言等，语法结构也愈发复杂，句式表达愈发丰富，含义指向愈发深刻。语言在信息传递、思想交流、情感释放等方面的功用，使其成为人与他人、人与群体、群体与群体间关系网络搭建的重要工具，成为人类沟通交流的"快捷方式"和"最重要的交际工具"①。这是语言工具价值和媒介性质的彰显。

语言是时代精神的表达，是文明传承的桥梁。每个时代都有每个时代的"专属声音"，从人类的语言进程中可窥见时代的变迁和人类思想的进步。作为时代精神的表达，语言推动着人类认识的进步和发展，不自觉地承载着知识传播、文明延续的神圣使命。在这一意义上可以说，语言是一种特殊社会现象，它"随着社会的产生而产生，发展而发展，一视同仁地为社会各阶级服务"②。文明性、社会性、传承性是语言的重要特质。

综上所述，语言是人们出于生存发展的需要，在长期的劳动实践和交往活动中逐渐摸索达成共识进而约定俗成、相沿成习的符号体系，它承载着思想的表达、转化和传递的功用，是人们沟通交流的媒介工具和文明传承的桥梁中介。思想性、工具性、媒介性、文明性、社会性、传承性是其鲜明特质。

(二)教学语言的定义、功用和分类

所谓教学，是指教师有目的、有计划、有组织地引导学生学习科学文化知识的活动，通过这一活动促进学生德、智、体、美、劳的全面发展，使他们成为社会所需要的人。语言作为人际间沟通交流的工具，也是教学活动展开使用最为频繁的中介载体。在教学实践过程中，教育者不论采取何种教学

---

① 夏征农. 辞海[M]. 上海：上海辞书出版社，1989：1036.
② 夏征农. 辞海[M]. 上海：上海辞书出版社，1989：1036.

方式和手段，教学内容的传递都绕不开教学语言的表达。

所谓教学语言，顾名思义就是教育者在教学过程中使用的语言，它滞后于人类语言的产生，是在教学活动出现后，在教育者向受教育者传递知识、培养技能的过程中逐渐分化出来的专门性、职业性话语。

教学语言具有传授知识技能、传输情感关怀、传递价值观念、完成教学任务等功用。首先，教学语言是教师传道授业解惑的工具。教学语言表达和传递的目的直接指向学生对教材中理论知识、历史事件、时事背景、特定人物及其思想等的了解和掌握，进而促使学生获得更深刻的认知，并最终内化为思想、外化为行动。在这一意义层面，教学语言的言说过程就是学生通过对教师教学语言的内化来获取知识、形塑道德、提升能力的过程。其次，教学语言是师生之间情感互动的桥梁。教学语言是联系教育者与受教育者之间的中介，也是教育者与受教育者之间的黏合剂。通过教学话语的言说，教育者与受教育者之间可以实现思想共振和情感共鸣。再次，教学语言中蕴含着教师的价值观念。有什么样的思想就有什么样的语言，教学语言自然受教师自身道德品质、情感态度、价值立场的影响，并借助教学语言的传递对学生的价值观念产生潜移默化的影响。这要求教师格外注重教学语言使用的严谨性和准确性，同时勿忘时刻端正自身的价值观念、检视自身的言行举止。最后，教学任务的完成离不开教师的"谆谆教诲"和"循循善诱"。在教学过程中，教师为更好地完成教学任务、实现教学目标，通常结合不同的教学内容，根据学生的学习状态和知识储备的差异，有针对性地开展教学言说。教学语言决定着教学任务能不能完成以及在何种程度上完成，教学语言运用得是否得当也是评价课程质量的一项基础性标准。

教学语言立足不同的划分标准可进行不同种类的划分。可根据教学场域、教学对象、教学功用、教学顺序等不同标准对语言划分类别。

首先，根据教学场域可将教学语言划分为课堂教学语言和非课堂教学语言。课堂教学语言是教育者在课堂上，以向受教育者传递知识为目的所使用的语言。这里有三个关键要素：语言的言说地点为课堂，言说内容与教学内容息息相关，多通过师生间面对面的形式展开。传统的课堂教学多于教室内、师生间面对面地展开；而随着线上教学的兴起，在传统的课堂教学之外又开拓了新的课堂教学形式，师生于网络云端课堂面对面，同时也开辟了弹幕语、表情包语言等新的语言表达方式。而非课堂教学语言，是于课堂外由教育者向受教育者传递知识所使用的语言，其言说地点是课堂之外，言说内容与教学内容息息相关。例如课外实践活动中教师的言说以及借助现代媒介于微信群、微博等在线互动平台展开的言说，其形式不再局限于师生直接面对面。教学语言因教学场域的不同而呈现出差异。与课堂教学语言相比，课外实践活动中的教学语言和网络媒介端的师生交流等非课堂教学语言有时更口语化、生活化、接地气，形式也更多样化。筑牢课堂教学主阵地地位和作用的同时，积极开拓多样化的非课堂教学形式成为教学现代化转型的必然趋势。

其次，根据教学对象可将教学语言划分为教育者语言和受教育者语言。在实际教学过程中，通常教师具有主导性的教学话语地位；但受教育者在"自学自讲"等课堂实践活动中可暂时实现角色转变并开展教学言说，抑或在课堂探讨中发表见解，因其语言亦可对教育者和其他受教育者起到知识传递、思想启蒙的作用，故也可将其言说归为教学话语。受教育者的语言因其准备程度、知识储备、自身素养不同而具备较大的层次差异性。在"自学自讲"等要求提前准备的课堂实践活动中，受教育者教学语言的理论性、完整性相对较高，而在课堂探讨中受教育者语言的口语化、生活化、随意性、多样性特点较为明显。

此外，根据教育者与受教育者的言说关系，或者说教育者是否与受教育者开展互动，又可将教学语言分为教育者与受教育者间的对话语言和教育者自身的独白语言；根据语言在教学中发挥的作用又可将教学语言分为说理语、交谈语、赞扬语、激励语、批评语等；根据语言在教学过程中的言说顺序，又可将教学语言分为导入语、提问语、过渡语、总结语等。

(三)教学语言艺术的定义和特征

语言艺术是语言表达绕不开的问题。人们以语言为中介表达和传递思想，但问题的关键在于，语言能在多大程度上"复制"思想，语言的运用是否能淋漓尽致地展现思想的所有意蕴？作为"属我"的思想借助语言传递给他人时，他人又能在多大程度上理解语言中的"我思"？此种语言传递的有限性和语言解码的障碍性如何疏解，如何通过语言的艺术化运用实现语言传递的最优效果,是语言表达必须直面的难题。

所谓艺术,有狭义和广义之分。狭义的艺术特指能给人们带来美感和心灵震撼的精神文化形式及其产品,例如美术、音乐、舞蹈、戏剧、影视、雕塑等。广义的艺术则不局限于精神文化领域,而是扩展至日常生活领域,在人们日常生活实践中能带给人们美感的事物都可以被称为艺术。但无论广义还是狭义的艺术,都需给人以"美"的享受。在这个意义层面,语言艺术一定是美的、吸引人的,是通过语言的巧妙运用给人以美好感受进而取得良好语言传递效果的语言表达形式。

针对教学语言而言,它不仅发挥着知识传递、价值传输、对话交流、情感沟通等功用,同时也可以通过对语言的加工修饰和对各种表达方法技巧的运用,赋予语言鲜活的生命力和吸引力,给受教育者以美的享受和愉悦的听觉体验。所以教学语言也可以成为一种艺术,成为一种陶冶受教育者心灵、具有美感的艺术形式。

教育者在开展教学的过程中都需要使用教学语言,如何精准科学地言说、淋漓尽致地表达、唯美形象地描绘、自然顺畅地沟通,以给受教育者"美"的听觉感受,需要教师的努力。这里教育者的教学语言表达不仅需要注意遣词造句是否符合语法规范,比喻修辞是否妥帖形象,话语逻辑是否严谨合理等语言表达的基本规范,还需要结合教材内容和教学目标,根据教育对象的特点开展具体而灵活的话语言说,对同一概念范畴和知识点有时需要从多个视角展开多维解释,根据不同教育对象及其认识水平需要开展有针对性的诠释。这要求教学语言既指向既定的教学目标,又需在指向过程中使表达既准确又科学、既灵活又严谨、既形象又生动、既有意义又有意思、既引人深思又富有美感……在这个意义上,教学语言艺术是一项技能性活动,是一门教师对教学语言进行创造性应用的"大学问"。

实际上,任何语言都离不开对一定表达技巧的运用,都需要艺术的支撑。因而与其说语言艺术是艺术的其中一种门类,不如说语言本身即是一种艺术,而教学语言更应是艺术的典范,是通过语言的巧妙运用与受教育者达成思想共识、精神共鸣的启人心智、育人聪慧的特殊艺术形式。在这个意义上,教学语言的表达过程理应是美的创造过程,是既创造语言美又创造心灵美的过程。

综上所述，教学语言艺术是教育者在教学活动中根据自身对教育内容的把握、对教育对象的了解、对教育目标的设定而创造性地使用教学语言技巧达成一定良好教学效果的活动，是教育者对教学语言的创造性、艺术性运用，需要教育者具备较高的语言运用能力，从而带给受教育者以美的听觉享受。技能性、创造性、审美性是教学语言艺术的鲜明特征。

（四）高校思政课教学语言艺术的定义及其重要性

所谓思想政治教育是"社会或社会群体用一定思想观念、政治观点、道德规范，对其成员施加有目的、有计划、有组织的影响，并促使其自主地接受这种影响，从而形成符合一定社会一定阶级所需要的思想品德的社会实践活动"①。高校思想政治理论课（以下简称思政课）教学就是高校思政课教师用一定思想观念、政治观点、道德规范对大学生施加有目的、有计划、有组织的影响，并促使其自主地接受这种影响，从而形成符合一定社会一定阶级所需要的思想品德的课堂实践活动。高校思政课的教学内容包括《马克思主义基本原理》《思想道德与法治》《毛泽东思想和中国特色社会主义理论体系概论》《习近平新时代中国特色社会主义思想概论》《中国近现代史纲要》《形势与政策》等。高校思政课教学语言就是一整套包含马克思主义理论、马克思主义中国化成果、中国近现代史、思想政治教育相关理论、国家时事政治等内容的话语符号系统。

结合上文对教学语言艺术的内涵阐释②，可进一步将高校思政课教学语言艺术界定为高校思政课教师通过对教学语言的创造性、艺术性运用，将社会的思想观念、政治观点、道德规范有目的、有计划、有组织地传递给受教育者，在给受教育者以美的听觉享受的同时使其形成符合一定社会、一定阶级所需要的思想品德。思政课教师结合自身的教学风格和语言特色，针对不同的教学内容、对象、环境、氛围，恰当准确、巧妙灵活、富有诗意地实现

---

① 陈万柏，张耀灿. 思想政治教育学原理[M]. 北京：高等教育出版社，2015：4.
② 教学语言艺术是教育者在教学活动中根据自身对教育内容的把握、对教育对象的了解、对教育目标的设定而创造性地使用教学语言技巧达成一定良好教学效果的活动，是教育者对教学语言的创造性、艺术性运用，需要教育者具备较高的语言运用能力，从而带给受教育者以美的听觉享受。

语言的创造性应用,"随风潜入夜,润物细无声"地对大学生开展思想观念、政治观点、道德规范教化,通过教育者与受教育者之间的话语通达、思想共振达成主流意识形态"入耳入脑入心"之效。在这一过程中以马克思主义理论、马克思主义中国化成果、中国近现代史、思想政治教育相关理论、国家时事政治等主流意识形态思想体系为言说内容,以语言的有效通达为关键环节,以语言的创造性、艺术性表达为核心表征,以大学生形成一定社会、一定阶级所需要的思想政治品格为教学目标,以大学生之精神世界的极大提升和自由全面发展为终极关怀。

"思想政治教育的全部实践都必须以语言为核心中介展开"[①],高校思政课教学语言艺术是影响高校思政课教学语言内容传播有效性的关键性要素。虽然教学语言表达的艺术不是影响思政课教学语言实效的唯一性因素,但语言表达艺术可为知识构建更形象生动的解释框架,对拉近师生间的话语距离,在语言共通中达成思想共识、精神共鸣,实现思政课教学内容更好地"入耳"进而"入脑""入心"大有裨益。

高校思政课是通过语言来陶冶学生情操、培养学生意志、启迪学生智慧,实现价值引领和品格塑造,进而改变学生一生的课程。由此决定了高校思政课教学语言不仅肩负传递知识的任务,而且承载着立德树人的使命。这一使命对高校思政课教学提出了高要求,对高校思政课教学语言通达的有效性提出了硬要求。立足思政课教学语言艺术直接关系到思想政治教育内容通达之"何以可能"和伟大复兴时代新人培育之"何以实现"的层面,高校思政课教学语言艺术理应成为高校思政课教学改革的重要理论命题和实践课题。

二、高校思政课教学语言艺术的影响因素和内容层次

(一)高校思政课教学语言艺术的多种影响因素

高校思政课教学语言与日常口语表达具有显著的差异。日常口语表达的随意性较强,常表现为言说者偶发、即兴的思想表达;而思政课教学语言的

---

① 孙晓琳,庞立生.思想政治教育话语传播的本质规定、生活基础与叙事逻辑[J].思想教育研究,2022(05):64.

诸多言说内容为权威性的政治话语、科学性的学理话语和严谨性的文本话语，其言说内容、言说时间、言说重点、言说目的等都有相应规约，需要根据不同的教学内容、对象、场景、环境、氛围等因素将言说话语进行提前预设。虽然在这一过程中高校思政课教师会根据学生的语言反馈开展一定程度的自由对话，特别是在探讨环节高校思政课教师会针对学生的思想疑问给予有针对性的话语回应，但此种言说既需要高校思政课教师具有深厚的马克思主义理论的积淀，亦需要思政课教师对学生可能存在的思想疑问有一定程度的提前把握，且对话过程中教师的话语并非完全的即兴发挥，而是内蕴一定价值引导的"有目的"的言说。在具体表达过程中政治话语的"全篇累牍"并不适宜，适当的口语话、生活话能疏解政治话语的生硬性，提升语言传达实效，但这种语言表达看似随意实质仍是思政课教师提前设计好的"口语"。这意味着高校思政课教学语言的艺术化表达需要根据不同教学内容、场景、环境、对象、氛围等而精心设计。语言内容、语言情境、语言主体、语言对象、语言载体、语言氛围、语言技巧、语言目的等都是高校思政课教学语言艺术的影响因素，直接决定了语言"谁来说""对谁说""说什么""怎么说""说给谁"等语言表达的基本问题。

在高校思政课教学语言艺术的诸多影响因素中，以高校思政课教学语言内容为例展开说明。高校思政课教学内容包括《马克思主义基本原理》《思想道德与法治》《毛泽东思想和中国特色社会主义理论体系概论》《习近平新时代中国特色社会主义思想概论》《中国近现代史纲要》《形势与政策》等，决定了高校思政课教学语言是一门涵盖马克思主义理论、马克思主义中国化成果、中国近现代史、思想政治教育相关理论、国家时事政治等内容的语言符号系统。思政课教学语言必须言说代表国家主流意识形态和统治阶级根本利益的政治语言，言说马克思主义基本原理、马克思主义中国化相关理论、思想政治教育基本原理等元理论性质的学术语言，言说描述社会公共事件和介绍道德榜样的生活话语等。不同的言说内容决定了不同的语言性质，直接影响着语言表达的艺术和语言传达的有效性。

以高校思政课教学语言情境为例展开说明。语言的表达和传递总是在一定的语言情境下展开，语言情境是语言表达、语言沟通、语言理解和语言发挥效力的空间寓所和前提条件。相关语言情境的"交代"可以让知识点更加立体丰富，瞬间"动起来""活起来"。超脱具体语境的单纯抽象话语，在话语接收者不具备相关专业背景、学理素养的前提下，往往很难使他们"设身处地"地解锁话语内蕴，继而无法通达话语的意义所指。而这也是高校思政课若只照本宣科式地重复政治话语便难以入耳、入脑、入心的重要缘由。

以高校思政课教学语言的主体——高校思政课教师为例展开说明。高校思政课教师是否有意识重视和提升教学表达能力，其自身的性格特点和教学语言表达风格，自身的语言表达技巧和方法，使用的语言表达载体，语言表达的语速、动作、表情、语气甚至是呼吸等都会影响语言表达的艺术效果。

再以高校思政课教学语言的对象——大学生为例展开说明。高校思政课是针对全校大学生的公共必修课，面对的是不同年龄、不同年级、不同专业的大学生，其个性品格、思维方式、专业特长等都存在差异。面对不同的教学对象，教师需要根据他们的思想政治品格特点及其发展变化展开针对性言说，不存在"普适"的话语表达方式，也不存在"一劳永逸"的语言表达艺术。

实际上，高校思政课教学语言艺术的展开过程是语言内容、语言情境、语言主体、语言对象、语言载体、语言氛围、语言技巧、语言目的等多因素相互关系、共同作用的结果。语言主体将语言内容在一定的语言情境中借助语言载体，通过营造语言氛围和运用一定的语言技巧将语言内容作用于语言对象，并与语言对象开展对话沟通，以达到教化对象的目的。这其中，教育者是语言艺术运用的创造主体和驱动主体，语言艺术在教育者与受传者之间的话语交互中发挥作用并受到语言载体、环境、氛围等因素的联动影响，最终根据语言传递的效果衡量语言目的的达成度。整个语言艺术的运用过程就表现为语言内容、语言情境、语言载体、语言氛围、语言技巧、语言目的、语言主体、语言对象等多因素动态、系统的联合作用过程。其中既蕴含语言艺术主体与对象之间的互动关系，也关涉语言艺术主体与语言媒介、语言技巧之间的互动关系以及语言对象与语言目的之间的达成关系等。注重各因素及其协同作用对语言艺术的影响，是从内生动力入手提升思政课教学语言艺术水平的良策。

(二)高校思政课教学语言艺术的三个层次

高校思政课教学语言艺术可大致分为三个层次。即在"语言无误"基础上做到"语言顺畅"是高校思政课教学语言艺术的第一层次;在"语言无误""语言顺畅"基础上做到"语言娴熟""语言巧妙"是高校思政课教学语言艺术的第二个层次;在"语言娴熟""语言巧妙"基础上做到"得心应手""润物无声"是高校思政课教学语言艺术的第三个层次。

第一层次要求教师"讲得清",学生"听得懂",表现为高校思政课教师与学生间能实现政治话语的准确传递和政治知识的有效传达。部分大学生对思政课教师的重点话语和教材内容体系中的基础知识点的掌握不到位,存在"知之甚少、知之不深、知之有误"的现象。欲让大学生真学真懂,达到"知"的层面,首先要求高校思政课教师"讲得清"。教师在语言表达时应用词准确规范而没有语病,立场端正而不左右摇摆,语意清晰明了而不模棱两可,同时语句应结构合理、描述得当、文理顺达、表达连贯。在"语言无误"的基础上做到"语言顺畅"是高校思政课教学语言艺术的第一个层次。

第二层次要求教师"讲得透",学生"记得住",表现为高校思政课教师与学生间通过政治话语交流建立政治信任、累积政治情感、形塑政治意志。部分大学生迫于分数和毕业要求对思政课教师的重点话语和教材内容体系中的基础知识点能较好地记忆和背诵,但在其思想深处却存在"接而不受"的"表里不一"现象。这实际上与思政课教师未把思政课的大道理"讲透"有关。思政课教师不仅要"讲得清"还要"讲得透",把道理"说透"才能让学生真正"心悦诚服",自觉"内化于心"。教师在语言表达时一是需要斟酌字句,语言不仅要无误、顺畅,还要简洁有力、言简意赅、详略得当、不蔓不枝;二是需要逻辑严谨、条理鲜明,注重语句之间的衔接和过渡,规避语言的跳跃性、无序性;三是注重抽象语言与形象语言的合理搭配,运用多样化的语言表达技巧,形象生动、声情并茂地展示教材内容,不仅要把政治知识讲清,顺利开展政治知识交流和政治话语传递,而且语言要具有一定的代入感、吸引力;四是需要说理透彻、鞭辟入里、言浅意深,富有启发性、发散性、开放性,这是语言艺术第二层次的关键。教师应通过透彻说理启发学生顿悟,引导学生对政治知识和问题展开深入思考,培育学生的政治辨别能力和判断能力,加强对学生政治思维的培育。通过透彻的说理，学生可以不仅"听得懂"而且"记得住"，教师与学生通过有效的语言传递实现思想通达、信任构建、情感累积，并最终形成一致的政治立场和政治情感倾向。在"语言无误""语言顺畅"的基础上做到"语言娴熟""语言巧妙"是高校思政课教学语言艺术的第二个层次。

第三层次要求教师"讲得活"，学生"用得上"，教师应"润物无声"地引导大学生自觉恪守政治信仰并付诸政治实践。思政课只有"活"起来，才能"火"起来。在大学生群众中，不仅存在对思想政治教育理念"接而不受"的"表里不一"现象，还存在"受而不行"的教育不到位、不彻底问题，这要求思政课教师具备更强的"语言功力"。在第一、第二层次语言艺术要求的基础上还需要进一步做到：第一，语言情感充沛、饱满，抑扬顿挫、声情并茂，以语言的表现力和张力让听者能深刻感受到教育者的话语热情，产生激情澎湃或温暖和煦等精神层面的满足和愉悦。也就是让语言富有"美感"，既有感染力、感召力，又有透彻性和说服力，语言入情、动情、怡情，语言交流过程有趣、有效、有启发意义，让教师在美中教，让学生在乐中学。第二，对课堂语言节奏、课堂语言氛围的把握都恰如其分，急缓有致，轻重适宜，不慌不忙，时而铿锵有力、激情昂然，时而娓娓道来、循循善诱，不顾此失彼。第三，语言"目中有人"，能针对新时代大学生的思想特质、思维方式和话语表达习惯随时"察言观色"，开展"量体裁衣"式的话语言说；针对大学生的思想困惑点及时回应，有理有据、有板有眼地展开对话，既有对社会现实问题的有效应答，亦内蕴教学内容的观点立场和教学目标的价值意蕴。第四，妙语连珠的同时，语言动作优雅得体。第五，达到一种将语言技巧运用于无形之中的境界，这也是达成语言艺术最高层次的关键。语言表达流畅自然而不刻意、得心应手、游刃有余，表面看似"张口就来"，实际上胸有成竹、出口成诵、侃侃而谈、娓娓动听，既发挥思政课的思想引领力又不给大学生强制灌输，使他们有枯燥无趣之感，而是"润物无声"地引导大学生坚定政治信仰并自觉"外化于行"，付诸政治实践、身体力行践行政治信仰。在"语言娴熟""语言巧妙"基础上做到"得心应手""润物无声"是高校思政课教学语言艺术的第三个层次。

高校思政课不仅承担知识传授的任务，还承载着立德树人的使命。音乐、美术等艺术形式之所以让很多人为之沉迷，是因为人们在音符的跳跃和灵动的笔画间找到了情感共鸣点和精神寄托地。高校思政课教学欲达到像音乐、美术那种令人自觉向往、主动求索的艺术效果，靠外在的强力灌输是无法通达的，需要真正走入大学生内心，为其提供精神寓所。通过语言的艺术化运用既能传播真理，又能传递信仰，将思政课的思想理念于无形中内化外展，让大学生在知情意行的统一中做到真学、真懂、真信、真用。"语言无误、语言顺畅""语言娴熟、语言巧妙""得心应手、润物无声"就是高校思政课教学语言艺术的三个层次，也是其内在要求。

三、高校思政课教学语言艺术的运用原则

高校思政课教学语言与其他学科语言存在共性，其教学语言艺术的运用需要遵循一般学科语言的规范性、学理性、科学性、体系性。同时，思政课又因其学科的特殊性而具有自身的学科语言特色，其教学语言艺术的运用又需要遵循特定的基本原则。总的来看，高校思政课教学语言欲达到艺术化表达的境界，以下几个原则是必需的。

（一）政治方向为本

政治性是思想政治教育的本质属性。语言作为一种交流沟通的工具，其本身并不具备一定的价值倾向和政治属性，或者说语言、语言艺术本身是"中性"的。但思政课作为"思想政治教育的显性课程"[1]，是高校落实立德树人根本任务的关键课程，是解决"培养什么人、怎样培养人、为谁培养人"[2]这一根本问题的教育教学主渠道，因而"对于思想政治教育而言，政治性较之文化性，是更为根本、更为深刻的本质规定性。否则，思想政治教育则将与智育、美育等无异，并无以在众多的教育形态中以其独特性而存在"[3]。

思想政治教育的政治本性决定了思政课的学科属性和思政课为党育人、为国育才的责任和使命，这要求高校思政课教学语言的艺术化运用首先遵循"政治方向为本"的原则，为主流意识形态做"政治辩护"，助益于社会核心价值观的传播和内化。鲜明的意识形态性和政治导向性也成为思政课教学语

---

[1] 习近平. 论党的宣传思想工作[M]. 北京：中央文献出版社，2020：386.
[2] 习近平. 论党的宣传思想工作[M]. 北京：中央文献出版社，2020：377.
[3] 沈壮海. 关注思想政治教育的文化性[J]. 思想理论教育，2008(03)：05.

第一章 高校思想政治理论课教学语言艺术的相关概念解析

艺术与其他学科语言及其艺术形式的"分水岭"。"作为高校思想政治教育有效开展的重要依托,高校思想政治教育话语是以马克思主义这一主导性意识形态作为行动准则与支配力量,以有效结合受教育者思想认识状况和社会发展态势为战略支点与实践场域,以实现高度体现党和国家意识形态特质的思想理论信息传输为核心目标与教育落点的言语符号系统,具有鲜明的意识形态属性。"[1]我国是中国共产党领导下的社会主义国家,领导阶级、国体政体、社会道路、发展前途决定了思政课要按照党和国家的要求培育遵循马克思主义思想指引,恪守共产主义理想信仰,担当民族复兴重任的时代新人和自由全面发展的人。我国思政课教学需要将马克思主义及其中国化成果阐释清楚,将马克思主义理论的"大道理"阐释透彻,通过语言的艺术化运用更好地展现马克思主义的理论魅力,培育马克思主义理论的信仰者、践行者。"建党百年来,思想政治教育传达着鲜明的国家意志和政治立场,始终承担着对马克思主义理论及其中国化成果进行宣传、传播和教育的重要使命。政治性话语是对党的性质、宗旨、纲领、路线、方针以及政策的直接表达,大多通过文件式命令话语来表达国家对民众的要求和党组织对党员的要求,是思想政治话语必须具备的价值选择。"[2]虽然语言艺术的运用十分注重语言的灵活性、生动性,但思政课教学语言艺术在思政学科自身意识形态性这一本质属性的限制和决定作用下,其运用必须且首先遵循的原则即为政治方向为本。思想政治工作的改进、思政课教学的改革,其根本都指向主流意识形态的深化巩固,思政课教学语言艺术的运用亦是通过增强思政课教学语言的说服力、吸引力、表现力来更好地宣传党的思想政治路线、方针、政策。可以说,以政治方向为本是思政课教学及其话语展开的本质要求和基本原则,也是思政课教学及其话语展开的方向和保障。

"无论是通过讲故事、讲历史还是讲理论的方式讲思政课,都要体现思政课的政治引导功能"[3],切忌因语言表达的艺术化而模糊乃至遗忘思政课教学

---

[1] 张翼. 现代性境域下高校思想政治教育话语及其转型[J]. 江苏高教,2017(01):46.

[2] 李韵琦,陈坤. 建党百年思想政治教育话语体系的逻辑源点与历史经验[J]. 思想政治教育研究. 2021(03):24.

[3] 习近平. 论党的宣传思想工作[M]. 北京:中央文献出版社,2020:383.

语言表达的政治导向性。高校思政课教学虽不主张照本宣科，但亦不能脱离教材蓝本而"天马行空"。任何思想政治教育话语的改革都并非脱离思政课教学基本内容的纯粹话语革新或文字游戏，都需要紧紧围绕马克思主义及其中国化理论、思想政治教育基本理论等思政课教材的主体内容及其架构。高校思政课教学选用的是国家统一编写的教材，思政课教学语言的艺术化运用不能脱离教材的话语内容体系，并非脱离主流意识形态话语体系而构建另外一套话语系统，而是应在教材的政治性语言内容、规范性语言表达的根基之上，结合国家主流意识形态话语开展的艺术性表达。无论是对教材内容的解读还是教师自我设置的话语议题都需要紧紧围绕教材内容展开，话语间都需要彰显鲜明的阵地意识和鲜亮的政治底色。切忌放弃政治原则和职业操守而一味迎合"非主流式""媚俗式""低俗式"等语言表达。

(二)教育规律为根

对高校思政课教学语言艺术的探究，不能单纯就语言研究语言，也不能将语言孤立开来，而是要将语言置于话语的生产传播规律、思想政治教育的基本规律和个体思想政治品格形成发展的规律之下，探讨如何有效地开展思想政治教育话语言说。换句话说，思政课教学语言是在遵循思想政治教育话语的生产逻辑和基本规范、思想政治教育规律、受教育者思想政治品格发展规律的基础上的一套能切实引导大学生思想政治品格形成的规定性话语体系，思政课教学语言艺术在这一意义上就是一门探讨如何遵循思想政治教育规律有效开展思想政治教育言说的科学。

首先，从语言的生产和传播机制来看，语言的通达包括语言解码、语言生产、语言描述、语言重组、语言内化、语言反馈等一系列环节和步骤，其展开的复杂性要求语言从生产到运用都遵循语言表达的一般规范，符合语言艺术表达的语法规范、逻辑规范、修辞规范等，高校思政课教学语言的表达亦不例外。

其次，思想政治教育是一个由多个系统和要素相互作用而形成的矛盾系统。在教育过程中涉及教育者与受教育者的主客体关系问题及其与教育目标、教育内容、教育环境、教育载体等要素之间的辩证互动，这些关系、要素之间的作用关系构成了思想政治教育的矛盾系统。在这一矛盾系统中，有个基本矛盾始终贯穿于思想政治教育的全过程，在思想政治教育过程中普遍存在，即教育者对人们思想政治道德水平的要求与受教育者实际的思想政治道德水平之间的矛盾。要解决这一矛盾，就需要遵循思想政治教育的基本规律。"思想政治教育的运行，必然要遵循社会发展要求、充分考虑受众的思想状况与政治品德现实，经由意识形态灌输与内化，不断缩小阶级、政党、国家与社会个体间的意识形态差距，以促进社会与个人的发展。在此意义上，我们认为思想政治教育基本规律的主要内容为：以处理个人与社会的政治关系为核心，经由思想教育实现意识形态转化，促进人的精神发展。简而化之，可以表述为'个人与社会政治互动中的精神建构规律'。"[1]任何一个国家、政党、社会都需要将自身的政治主张、价值理念、道德规范等传递给其成员，要求其成员内化为日用而不觉的思想理念。而对个体而言，其自身的思想政治素养与社会对其的思想政治品格要求之间总是存在一定差距，思想政治教育的功用就在于不断缩小差距，实现社会整体的思想政治品格要求与个体实际的思想政治素养水平的一致。在这一意义上，思政课教学语言的艺术化表达必然是一种有目的、有计划的话语宣传。

最后，受教育者在接受教育者的话语信息后，会结合自身的思想认知展开对话语信息内容的判断，进而认可、接纳并自觉践行；也可能因其与自身思想道德认知的冲突而产生怀疑、不解，进而可能部分接纳、部分反对，或者全然抛弃、抵制。这要求思想政治教育的展开不能只靠强制性的话语灌输，在话语设计前需要对个体的思想政治素养水平有准确把握，需要遵循个体思想政治品格的认知建构规律、情感激发规律、思想内化外化规律等。

大学生作为高校思政课教学语言艺术的运用对象，尊重并遵循其思想政治品格生成发展的规律开展教学言说，是"以学定教"、解决高校思政课"供需矛盾"、提升课堂实效性的关键。由于年龄阅历、时代背景、理论基础、思维方式等方面的差异，高校思政课教师群体与大学生群体间必然存在一定的语言鸿沟，需要教育者及时且细致地体察教育对象，了解并掌握大学生的思想认知结构、思想认知水平，捕捉大学生关于社会现实和理论问题的思想困惑，

---

[1] 李合亮. 思想政治教育基本规律新探[J]. 学校党建与思想教育，2020(09)：24.

根据大学生认知水平的变化及时调整教学言说的重点和难点、深度和广度、速度和节奏,同时也能适当关照大学生的情感诉求、兴趣爱好、理想愿望并给予一定的人生指导和思想指引。一言以蔽之,高校思政课教师应立足大学生的思想政治水平和心理发展现状,引导学生善于表达思想认知、敢于流露真情实感,在及时的话语鼓励、话语关怀、话语纠偏中使大学生的思想政治认知水平和心理成熟程度有所提升。

(三)时代发展为基

话语的时代感是快速提升话语吸引力和增强话语艺术感的重要因素。高校思政课教学语言既需要恪守政治方向为本的原则,也需要遵循思想政治教育的规律,同时还需要紧跟时代发展与社会变革的步伐,使思政课教学语言与时代的语境对接

任何新话语从酝酿、凝练、提出到传递都需要深深扎根于现实,遵循事物发展的基本逻辑和时代发展的必然趋势。高校思想政治教育的时代语境已从相对封闭转向自由开放,从相对简单到多元复杂。时代蜕变下新的语言时时处处"发声",特别是伴随改革开放的赓续推进、中国式现代化的不断探索和新型网络空间下话语传播格局的变革,催生了诸多新思想、新话题、新语言。生长于新时代的大学生是诸多新潮词汇的原创者,是网络话语、流行话语言说的主力军。富有时代感的教学语言往往能给大学生带来耳目一新之感,弱化其对高校思政课教学语言生硬刻板的固有印象和对高校思政课枯燥无趣的心理抵触情绪。如若高校思政课只拘泥于教材内容,只言说教材话语,而没有与新一轮时代变革和语言革命接轨,便无法跟随时代步伐、捕捉时代信息,无法将时代精神之精华与教材内容有机融合,也无法拉近与大学生之间的话语距离、心理距离。

高校思政课本身即是一门紧跟时事、因事而化、因时而进、因势而新的开放性课程。"'问题'是话语建构的逻辑起点。'话语'是展开了的'问题'。"[①]任何理论都是现实问题的投射,看似高大上的政治话语和形而上的"元理论"都是对现实问题的说明和反映。思政课教师既需要按照教材内容"按部就班"

---

① 陈曙光.论中国话语的生成逻辑及演化趋势[J].马克思主义研究,2016(10):94.

第一章　高校思想政治理论课教学语言艺术的相关概念解析

地讲解,也需要适时结合社会现实增补教学内容。每种理论的成立都具有既定的规定性并受具体条件的规约,都会在现实情境的变迁中不断变化发展。思政课教师只有占据时代发展的制高点,以强烈的政治敏锐性捕捉时代关切,不规避政治热点话题,不绕开学生思想质疑,不漠视社会发展的现实困境,在思政课教材知识的话语传达时自觉结合对当下世情、国情、党情、民情的动态研判,关照社会现实发展的良性经验和大学生的话语接受特点,才能以问题意识、时代眼光和理论底气开展话语言说,回应受教育者的话语期待,实现话语内容的实时更新。

高校思政课教学语言的时代感不仅可以通过语言内容的时代性体现,也彰显于语言载体的更新换代。换言之,提升思政课教学语言的艺术感不仅可多言说时代话、新潮话,同时还可结合短视频、语音、图片等现代化语言表达载体,丰富语言表达方式,增强语言表达的现代感、科技感、智能感。让教学语言的艺术不仅融于时代性的话语内容之中,也融于时代性的语言媒介之中。

(四)价值旨趣为魂

习近平总书记在全国高校思想政治工作会议上指出"要坚持把立德树人作为中心环节,把思想政治工作贯穿教育教学全过程,实现全程育人、全方位育人,努力开创我国高等教育事业发展新局面"[①],并多次言说高校思想政治工作对于大学生成长成才的地位作用和价值功用,例如"高校立身之本在于立德树人"[②]"思想政治工作从根本上说是做人的工作,必须围绕学生、关照学生、服务学生,不断提高学生思想水平、政治觉悟、道德品质、文化素养,让学生成为德才兼备、全面发展的人才"[③]等。高校思政课作为以立德树人为根本任务的重要课程,肩负价值引导的使命,由此决定着思政课教学内容在言说之前便具备了某种"价值先在性",是一种合目的性的言说。

高校思政课"立德树人"的价值使命决定了高校思政课教学语言内含着影响大学生思想政治品格形塑的价值引导和终极关怀。"从话语功能来看,思想

---

① 习近平.习近平谈治国理政(第二卷)[M].北京:外文出版社,2017:376.
② 习近平.习近平谈治国理政(第二卷)[M].北京:外文出版社,2017:377.
③ 习近平.习近平谈治国理政(第二卷)[M].北京:外文出版社,2017:377.

政治教育话语是承载思想政治教育目的的信息传播载体,具有明确的价值指向性,除了具有知识传递、描述和阐释的理论属性,还具有理论宣传、政治辩护和价值规范等建构功能。"[1]如果说,高校思政课的政治性、阶级性是其与其他学科相区别的本质属性,那么高校思政课的价值引领性就是其他学科无法替代的专属特性和灵魂所在。这一特殊功能使思政课教师在课堂上的言说相较于其他学科教师的言说而言,对受教育者更具有思想价值层面的引领力。这也要求高校思政课教师要运用富有教化意义和价值引导倾向的话语与受教育者展开沟通交流,在课堂教学时其语言组织和话语阐述都需要时刻将立德树人的价值使命和教育目标谨记在心、贯穿始终,不能秉持所谓的"价值中立""客观知识论",或者借纯粹学理探讨遮盖和抹杀教学话语理应禀赋的价值导向。高校思政课既要"教书"又要"育人",需要通过语言的艺术化表达增强课堂吸引力,实现教材内容的有效传达,使大学生增长思想认知;同时也让话语直抵学生的精神世界,将富强、民主、文明、和谐、自由、平等、公正、法治、爱国、敬业、诚信、友善等人类积淀的优秀道德品格真正浸润学生心灵,形塑其稳定、成熟而真善美的人格。在这一意义上,思政课教学语言艺术不仅仅是一种语言艺术形式,更是力臻改变受教育者思想政治品格现状,引导其作为人而成为人,成为具有大我情怀之"大人"的学问和智慧。

高校思政课既是一门知识传授的课程,也是一门价值实现的课程;对思政课课堂实效的评估既需要知识性评价,也需要价值性评价。这意味着对高校思政课课堂语言实效性进行评估时,一方面,需要对影响语言传递效果的直接的、显性的因素展开评价。例如,教师言语内容是否科学、准确、合理,语言表达方式是否能激发大学生学习的积极性、创造性、自觉性,课堂语言氛围是否融洽,大学生对教师的言说内容是否掌握等。另一方面,也需要对思政课教学语言的言说目的是否达成进行衡量,例如言说内容是否真正触及大学生灵魂,助益于其精神家园的构建和正向三观的形塑,是否引导其成长为肩负伟大复兴重任的一代新人等。然而,对语言效果的价值性评价往往容易被忽略,因为思政课教学语言通过价值观引领而对个体成长成才的形塑作

---

[1] 胡玉宁. 思想政治教育话语传播要素的协同性分析[J]. 学校党建与思想教育,2021(07):21.

用非一日之功，需要思政课教学语言长久的、潜移默化的影响。正因为对其价值性评价难以实施，需要在长期动态的作用中衡量，由此也使得思政课"无用论""价值中立论""去意识形态化"等诸说有了可乘之机。高校思政课对大学生价值观的引领实效虽是难量化、非立竿见影的，但一旦产生作用便关涉大学生的三观乃至整个人生，其影响相较于其他学科而言最为深刻，也最为弥久。

四、高校思政课教学语言艺术的理论遵循

包括马克思主义语言观、马克思主义交往理论、马克思主义"自由个性"思想在内的马克思主义相关理论和包括思想政治教育主体论、过程论、目的论、价值论、环境论、载体论等在内的思想政治教育相关理论可以为高校思政课教学语言艺术的探究提供直接的理论支撑。同时，教育学、语言学、伦理学、心理学相关理论也在一定程度上为高校思政课教学语言艺术的探究提供了些许借鉴。

(一)马克思主义相关理论

1. 马克思主义语言观

马克思主义从语言与实践、语言与社会历史、语言与人类自我的多重关系中把握语言。

首先，在马克思主义视域中，语言从人的实践活动中创生。为了满足衣食住行的生存生活之需，人类展开了物质资料的生产和创造活动。在生产劳动中共同协作的个体不可规避地会产生联系和相互作用，"劳动的发展必然促使社会成员更紧密地互相结合起来，因为劳动的发展使互相支持和共同协作的场合增多了，并且使每个人都清楚地意识到这种共同协作的好处。一句话，这些正在生成中的人，已经达到彼此间不得不说些什么的地步了"[①]。为了方便共同生产劳作，人们不得不加强沟通交流，语言应运而生。正是由于语言的创生源于人们在生产劳动中沟通交往的需要，所以马克思直言"语言也和意

---

① 马克思恩格斯文集(第九卷)[M]. 北京：人民出版社，2009：553.

识一样，只是由于需要，由于和他人交往的迫切需要才产生的"[①]。恩格斯在谈及语言的生产时也明确指出："语言是从劳动中并和劳动一起产生出来的，这个解释是唯一正确的。"[②]在这一意义上，语言是一种人们在生产劳作中为表达思想意识、实现思想沟通而展开的实践活动。这里，马克思主义视域中的语言是深深扎根于人之实践活动的，人开展实践活动的深度和广度直接决定着人们之间交往和彼此作用的阈限，也决定着彼此间言语的频率和水平。也正是在此意义上说，"语言是一种实践的、既为别人存在因而也为我自身而存在的、现实的意识"[③]。

其次，在马克思主义视域中，语言是人类文明的产物，具有社会历史属性。自人类诞生以来就离不开思想意识的交流工具——语言，语言与人类的思想意识相伴相生，成为人类表达情感、实现沟通的重要桥梁。无论是人类早期的肢体语言、目光语言、表情语言还是文明开化后字节清晰的口头语言、语法规范的文本语言以及人类赓续演进中创造的各具特色的多民族、多样化语言，其始终与人之演进相伴相随，成为人类文明化、社会化的创造和见证。人类通过语言诉说见闻、互通有无、释放悲喜、传递情感，实现思想交融、心灵沟通、知识传播和文明延续。语言的运用主体和作用对象都是处在一定社会关系中的人，语言的内容、性质、目的、意义、传播范围、传播方式、传播格局等受到当时社会发展条件的限制，并伴随社会历史发展条件的变化而改变。可见，作为人之文明化、社会化的产物，"语言和意识具有同样长久的历史"[④]。

最后，在马克思主义视域中，语言是人的存在方式，是共同体存在与发展的根基。语言从人的实践活动中创生，作为人之文明化、社会化的产物，也是人的一种存在方式，表征着人如何拥抱世界、解释世界、与外部世界发生关系。人类认识世界和改造世界的实践活动总是伴随人类生产力水平和认知能力的提升而不断深入，在实践活动中创生的人类语言自然也跟随人类实

[①] 马克思恩格斯文集(第一卷)[M]. 北京：人民出版社，2009：533.
[②] 马克思恩格斯文集(第九卷)[M]. 北京：人民出版社，2009：553.
[③] 马克思恩格斯文集(第一卷)[M]. 北京：人民出版社，2009：533.
[④] 马克思恩格斯文集(第一卷)[M]. 北京：人民出版社，2009：533.

践能力的发展而不断演进，因而语言的发展程度在某种程度上展示出人的实践能力和文明程度。对一个群体、民族或共同体而言，相同的语言成为彼此依存的重要纽带。列宁曾说"民族不是文化共同体，不是命运共同体，而是语言共同体"①；在马克思看来"语言本身是一定共同体的产物，同样从另一方面说，语言本身就是这个共同体的存在，而且是它的不言而喻的存在"②。语言诞生后，它对人类社会交往的推进远超乎人类预想，一个群体、民族或共同体形塑的共同语言在凝聚民族向心力、增强共同体认同方面发挥着强有力的正向建构作用。因而可以说，语言不仅是个体的一种存在方式，也是共同体存在和发展的根基所在。

马克思主义语言观为高校思政课教学语言艺术提供了理论指导。语言的实践性和社会性启示高校思政课教学语言的艺术化表达不能脱离现实生活场域，既要善于从现实生活中寻找语言素材，又要将语言的艺术化运用切实融入高校思政课教学实践中发挥实效，切勿流于表面和形式；语言创新要与时代语境相对接，既要直面社会现实让语言更有现实针对性，又要把握社会传播环境和话语传播格局的微变化，使语言内容、语言方式、语言载体等都能"话随境迁"。语言在凝聚民族意识和共同体意识方面的助益作用也启示高校思政课教学语言的表达要善于挖掘民族文化中丰富的话语资源，打造富有特色的话语风格等。

2. 马克思主义交往理论

首先，在马克思主义视域中，"交往"通过人的实践活动创生和推动。在《1844年经济学哲学手稿》中马克思提出了"交往"这一概念范畴，在马克思的笔触中"交往"源起于人类为满足衣食住行之需而改造外部自然的劳动实践，是在共同劳作中产生的联系和相互作用。正是在这一意义层面，马克思明确表明："人靠自然界生活。这就是说，自然界是人为了不致死亡而必须与之处于持续不断的交互作用过程的、人的身体。"③。于实践活动中创生的人际交往，伴随人认识和改造世界的实践能力的提升而不断深入。实践不仅创造了

---

① 列宁全集(第二十四卷)[M].北京：人民出版社，2017：295.
② 马克思恩格斯文集(第八卷)[M].北京：人民出版社，2009：140.
③ 马克思恩格斯选集(第一卷)[M].北京：人民出版社，2012：55-56.

交往关系，也以交往关系为基础创生了全部社会关系和社会生活的全部领域，而社会关系网和生活的全部领域反过来又为交往关系的深入提供了空间场域。故而可以理解为：人在实践活动中创生了人际交往，又在实践活动中推进了人际交往。

其次，在马克思主义视域中，人的交往活动主要分为两类：围绕物质资料生产、交换产生的物质交往活动和围绕精神产品生产、交换产生的精神交往活动。物质交往活动是承载现实的物质生产活动的交往形式，是人类为了生存发展需要而从事的物质资料生产劳动。人们之间的物质交往关系即是在物质资料生产活动中形塑的生产关系。精神交往活动是人们在思想、观点、看法、情感等意识形态层面开展交流与沟通的交往活动。无论是物质交往活动还是精神交往活动，只要存在人际间的沟通交流，就都需要语言作为中介和桥梁。语言的产生为人类社会的普遍交往提供了便捷，使人类的物质交往和精神交往都产生了质的飞跃。交往双方在语言交流与沟通的过程中相互吸收和借鉴彼此的思想、观点、智慧，将其内化成为自身的认知体系的一部分，从而提升自身的思想素养，增强自身认识世界的能力，进而通过精神世界的提升反过来指导人改造世界的实践能力。

最后，在马克思主义视域中，人际交往是一种彼此对象化的活动，是人确证和完善自我的力量，因而人际间不存在绝对的主客体关系而只存在相互对象化的主体间性关系。人首先认识到自我，从自我作为独立个体的思想意识出发，与他人开展交往交流活动，他人自然成为自我实践活动作用的对象。个体在与他人的交往互动中获得物质、资源、思想、信息、情感、态度的反馈，满足自身物质的需要和心灵的共鸣，实现自我的确认和完善。每个人都作为独立的个体与他人发生或物质或精神的联系，并在彼此作用中实现共同发展，每个人都是作用于他人的主体，同时也是受他人影响的客体。换言之，人与人之间并非绝对的、固定不变的绝对主客体关系，而是作为具有独立个性的主体人相互作用、彼此成就的主体间性关系。

随着人类交往能力的提升和交往范围的拓展，人与人之间的个体交往发展至群体间、国家间、民族间的交往。通过群体、国家、民族间物质、资源、思想、文化的互通有无，不断提升着人类的整体实践能力，开拓着人类的整体生存空间。如今,全球化赓续推进,"互联网+"信息革命如火如荼,人际间的关系网络错综复杂,人际间的协同活动更加丰富多样,人际间的交往方式更加动态立体。人类的交往已从传统社会条件下狭隘、单一、有限的个体交往日渐冲破时间、空间的桎梏而走向历史性的、普遍的交往;人与人之间的关系也愈发紧密,日渐形成相互依存、命运与共的人类命运共同体。

思想政治教育作用于人的精神世界,思想政治教育语言的传递实质就是教育者与受教育者之间借助语言实现的精神交往活动,在思想、观点、智慧的交往互动中达成对某一问题的思想共识。教育者与受教育者在相互沟通交流的精神交往活动中,不断提升自身的思想政治素养,实现教学相长、彼此敦促、共同进步。马克思主义关于交往的相关理论为更好地理解高校思政课教学语言的传递过程、实现教学语言的传递提供理论指导。例如,启迪当下高校思政课教学正视并重视大学生在语言传递中的主体地位和主观能动性,尝试以"从主体到主体"的话语传播方式来打破教育者在语言传递过程中的绝对话语支配权,助力"教师主导、学生主体"教学改革的"落地生花";启迪当下高校思政课教学通过语言的传递真正触及大学生的精神世界,为其精神家园的构建提供引导。

3. 马克思主义"自由个性"思想

在《德意志意识形态》中,马克思通过发掘和剖析生产力与生产关系之间的辩证关系揭示了社会将从"部落所有制""公社所有制和国家所有制""封建的或等级的所有制"以及资本主义私有制过渡到共产主义的必然历程。这里马克思关于社会五大形态的划分初具轮廓,从社会形态的阶段演进视角对共产主义的科学构想做出了论证。

原始社会人们聚集而居,靠集体狩猎、捕鱼等共同劳作的方式为生,捕获的劳动产品全部归部落或集体所有,这便是人类最初的社会形态——部落所有制。部落中基于男女因性别产生的体力差异而诞生了最初的分工,而分工的不同直接影响着人们对集体劳动成果的所有和分配,正如马克思所描述的那样:"与这种分工同时出现的还有分配,而且是劳动及其产品的不平等的分配(无论在数量上或质量上);因而产生了所有制,它的萌芽和最初形式在家庭中已经出现,在那里妻子和儿女是丈夫的奴隶。"①随着先进生产工具的产生和生产力的发展,分工逐渐细化出脑力劳动与体力劳动的区分,生产力也出现了地域和城乡的差别。同时由于社会地位不同,一部分人占有了另一部分人的劳动成果,人们的经济地位与社会地位也开始产生差异,逐渐衍生出代表不同利益的阶级。当"单个人的利益或单个家庭的利益与所有互相交往的个人的共同利益之间的矛盾"②不可调和时,国家应运而生,人类社会进入"公社所有制和国家所有制"阶段。换言之,国家是人们利益不可调和的产物,而非人类解放的终极形式。"正是由于特殊利益和共同利益之间的这种矛盾,共同利益才采取国家这种与实际的单个利益和全体利益相脱离的独立形式,同时采取虚幻的共同体的形式。"③只要特殊利益与共同利益之间还存在矛盾,只要分工还非自愿,那么分工就仍是某种驾驭人的、异己的力量。国家在封建主义的历史长河中分分合合、强盛衰微,不仅造就了封建经济的繁荣盛世,也铸成了封建等级制的固化。到资本主义时代,分工与资本主义私有制的结合使"大多数人"的异化趋于极限。劳动异化之下是人们的存在异化和本质异化,"任何人都有自己一定的特殊的活动范围,这个范围是强加于他的,他不能超出这个范围:他是一个猎人、渔夫或者牧人,或者是一个批判的批判者,只要他不想失去生活资料,他就始终应该是这样的人"④。一方面是财富越来越集中于有产阶层,另一方面是"极端贫困的普遍化",表现为"变成完全'没有财产的'"⑤大多数人的苟延残喘。当这种发展的"异化"成为大多数劳动者"不堪忍受的力量"的时候,成为"革命所要反对的力量"⑥的时候,人们"必须重新开始争取必需品的斗争"⑦,即消灭分工、私有制和阶级,建立人人自由全面发展的共产主义社会。"生产力、社会状况和意识,彼此之间可能而且一定会发生矛盾,因为分工使精神活动和物质活动、享受和劳动、生产和消费

---

① 马克思恩格斯文集(第一卷)[M].北京:人民出版社,2009:536.
② 马克思恩格斯文集(第一卷)[M].北京:人民出版社,2009:536.
③ 马克思恩格斯文集(第一卷)[M].北京:人民出版社,2009:536.
④ 马克思恩格斯文集(第一卷)[M].北京:人民出版社,2009:537.
⑤ 马克思恩格斯文集(第一卷)[M].北京:人民出版社,2009:538.
⑥ 马克思恩格斯文集(第一卷)[M].北京:人民出版社,2009:538.
⑦ 马克思恩格斯文集(第一卷)[M].北京:人民出版社,2009:538.

由不同的个人来分担这种情况不仅成为可能,而且成为现实,而要使这三个因素彼此不发生矛盾,则只有再消灭分工。"①分工被消灭、私有制消亡后人们不再有阶级的差别与利益的纠葛,自然不需要国家的维护,国家则会将自身的权利重新让渡给社会。而这一切需要奠基于物质财富的巨大丰富之上,那时人们不再被物质所羁绊,不再受劳动所累,社会采取个人所有制和社会所有制的所有制形式和按需分配的分配制度,进入每个人的自由个性都能充分发展的共产主义阶段。

每个人自由个性彰显的"共产主义"是扬弃资本主义社会的分工和私有制以及国家和阶级都自然消亡之后的社会阶段。由于没有了分工、私有制、国家和阶级,"以致在人类历史上破天荒第一次创造了这样的可能性:在所有的人实行明智分工的条件下,不仅生产的东西可以满足全体社会成员丰裕的消费和造成充足的储备,而且使每个人都有充分的闲暇时间去获得历史上遗留下来的文化——科学、艺术、社交方式等等——中一切真正有价值的东西;并且不仅是去获得,而且还要把这一切从统治阶级的独占品变成全社会的共同财富并加以进一步发展"②。每个人不局限于某一种活动范围、部门和事业,可以"今天干这事,明天干那事",在各种活动、部门和事业中拓展自己的关系,培养各方面的才能,满足多方面的需求。人与自然、人与社会、人与他人、人与自我之间的矛盾得以和解,人与人之间实现真正的自由、平等、真诚,每个个体作为一个"全面的人""占有自身的全面的本质",实现自由而全面的发展。这种自由而全面的发展并非隶属某个人、某个群体、某个阶层,而是指向"任何人"的发展,即社会中的每一个人的发展。也正是在这个意义上,马克思在《共产党宣言》中如此定义共产主义社会:"代替那存在着阶级和阶级对立的资产阶级旧社会的,将是这样一个联合体,在那里,每个人的自由发展是一切人的自由发展的条件。"③在《资本论》中进一步明确提出:共产主义是"以每一个人的全面而自由的发展为基本原则的社会形式"④。

---

① 马克思恩格斯文集(第一卷)[M].北京:人民出版社,2009:535.
② 马克思恩格斯文集(第三卷)[M].北京:人民出版社,2009:258.
③ 马克思恩格斯文集(第二卷)[M].北京:人民出版社,2009:53.
④ 马克思恩格斯文集(第五卷)[M].北京:人民出版社,2009:683.

马克思通过推演社会历史发展的阶段性规律来论证共产主义的科学性和必然性，为人类构建了"自由个性"的理想生存境遇。马克思关于人之自由个性发展的理想目标为思政课教学的价值关怀提供了最终归宿，启迪思政课教学要注重培育大学生自由个性的品格和健全的人格，在教学话语言说过程中做到充分尊重大学生的独立个性，开展有针对性的精准发声；同时给予受教育者相当的话语权，激发其话语主动精神和话语自觉意识，规避通过强制性语言压制受教育者思想个性彰显等现象。

(二)思想政治教育相关理论

1. 思想政治教育主体论和过程论

思想政治教育主体论顾名思义就是指在思想政治教育过程中有关思想政治教育主体的理论，关涉谁是思想政治教育中发挥主动性、起主导作用的一方以及如何发挥主动性、起主导作用等问题。

所谓思想政治教育过程论，是教育者根据一定社会的思想政治教育要求和受教育者思想政治素质形成发展的规律对受教育者施加的有目的、有计划、有组织的教育影响，促使受教育者形成一定社会所期望的思想政治素质的过程的理论。[①] 思想政治教育的过程一方面表现为教育者对受教育者开展思想教育、政治教育和道德教育，另一方面表现为受教育者对思想教育、政治教育和道德教育内容的接受、消化并践行，因而是教育者传授教育内容与受教育者内化、外化教育内容的互动过程，是教育内容的向外传达与教育内容的向内充盈的双向过程。

思想政治教育主体论与思想政治教育过程论紧密相关，对教育主体的理解不同直接影响着教育过程的展开方式，对教育过程的不同解读也直接关乎对教育主体的界定。实际上，受教育者在接受教育者施教之前已具备一定的自我思想道德认知，只是社会的思想道德要求与受教育者的思想道德水平之间存有一定的差距，故而思想政治教育的过程就展开为个体的思想政治素养与社会要求的思想政治水平之间从不一致到一致，再到新的不一致和一致的否定性运动过程。"在教育活动中，施教者所传授之意识形态与受众已有思想

[①] 张耀灿，等.现代思想政治教育学[M].北京：人民出版社，2006：324.

政治观念之间会发生矛盾运动，并且随着教育过程的推进，矛盾的主要方面与次要方面也会发生相应变化。当受众的思想政治水平与主体的意识形态要求达成一致或基本接近时，一次教育活动结束，但新的矛盾又会产生，新的教育活动又迅即开始。"[①] 在历经反复多次的思想政治教育洗礼后，受教育者的思想道德素养水平与社会要求的思想政治道德品格之间的差距逐渐缩小，实现了思想政治道德水平的"螺旋上升"。在教育者对受教育者开展思想政治教育的过程中，虽然教育者是施教主体，但教育者也通过对受教育者的言说教化而不断积累教育经验，刷新思想认知，完成了自我的蜕变和思想境界的提升。在此意义上，思想政治教育过程实质上是一个教育者与受教育者彼此敦促、教学互长的过程，教育者和受教育者都可以成为施教主体，也都可以成为受教客体。教育者的主体性和受教育者的主体性于思想政治教育的实践活动中共同彰显，方能使得整个思想政治教育过程充满生机和活力。

思想政治教育主体论与过程论可为高校思政课教学语言艺术提供理论指导。例如，对思想政治教育主体的界定决定了对待受教育者的不同态度，因而直接影响着思政课教师教学语言的言说态度和开展言说的具体过程，教学语言内容、语言氛围、语言目标、语言策略等皆会因教学对象的地位不同而产生差异。再如，思想政治教育过程论启发思政课教学要了解受教育者的思想政治品格与社会要求的思想政治品格之间的否定性运动过程，在充分考量受教育者对教育内容的感受性和接受度的基础上来制定相应的教学语言及其言说策略，方能最有效地激活社会要求的思想政治品格与受教育者思想政治水平之间的矛盾运动，激发受教育者的主体积极性，自觉实现与社会要求的思想政治品格从不一致到一致的循环往复和螺旋上升。

2. 思想政治教育目的论与价值论

思想政治教育的根本目的是通过思想政治教育活动使受教育者达到社会所要求的思想道德水平，从而使受教育者"在认识和改造客观世界的过程中不断地认识和改造主观世界，通过不断认识和改造主观世界不断地深化对客观

---

① 李合亮. 思想政治教育基本规律新探[J]. 学校党建与思想教育，2020(09)：25.

世界的认识和改造"①。在此意义上，思想政治教育目的论就是指通过思想政治教育提升人们的思想道德水平，进而提升人们认识和改造世界的能力的相关理论。在思想政治教育的不同阶段，针对不同的思想政治教育对象开展的思想政治教育言说不同，因而所设定的具体教育目标和言说策略会略有差异。

思想政治教育价值是指"思想政治教育的存在及其性质是否与人的本性、目的和发展需要等相一致、相适合、相接近的关系。这种关系是思想政治教育在其教育活动和社会关系中合乎主体全面发展（尤其是思想品德的形成和发展）和人类社会进步（尤其是精神文明的进步）的目的而呈现出的一种肯定的意义关系"②。在此意义上，思想政治教育的最高价值理想就是实现人的自由全面发展进而实现社会进步；思想政治教育价值论就是通过如何进行思想政治教育最终实现人的自由全面发展和社会进步的相关理论。在思想政治教育价值追求过程中，又可通过多个维度的具体价值目标的实现来展开。例如政治价值、经济价值、文化价值、直接价值、间接价值等。

思想政治教育的目的和价值是统一的。思想政治教育通过加强思想教育、政治教育、道德教育来武装人们的头脑，为人们认识客观世界提供思想利器。但思想政治教育的目的不拘囿于提升人们认识客观世界的能力，更重要的是指导人们将思想付诸行动，实际地改造世界、改变世界，使人们在改造、改变世界的实践活动过程中认证并提升自我对客观世界的认知。改造客观世界和改造主观世界是一个相互作用、彼此敦促的过程。一方面，改造客观世界离不开主观世界的思想指引；另一方面，人们的主观世界在改造客观世界的过程中得到提升，进而反过来更好地指导人们改造客观世界的实践活动。客观世界是不断变化发展的，这决定了人们改造主观世界的过程也必然展开为一个循环往复以致无穷的过程。于是人们在改造客观世界的实践活动中不断验证自我认知、积累认识经验，提升自我的思想政治道德素养，终臻于精神世界的极大提升和自由全面发展的理想境地。

思想政治教育的目标与价值是思想政治教育理论中最根本的问题，它为

---

① 张耀灿，等. 现代思想政治教育学[M]. 北京：人民出版社，2006：139.
② 张耀灿，等. 现代思想政治教育学[M]. 北京：人民出版社，2006：162.

思政课教学语言的言说提供了方向性、根本性和全局性的指导。首先，思政课教学语言的言说策略要围绕教育目标和教育价值来制定，特别是思想政治教育的根本目标和最高价值理想为思想政治教育话语的言说提供了根本性的方向指导。在思想政治教育价值目标基础上选择和确立的话语言说策略，运用起来才更有未来指向性，才能更好地彰显思政课的价值意蕴而不偏离思政课关怀人的精神世界、促进人自由全面发展的初心和使命。其次，思想政治教育目的和价值为思想政治教育语言的传递提供动力，激励思政课教师话语表达艺术水平的不断提升以达成思想政治教育的最终价值目标。再次，思想政治教育目标与价值的实现是一个分对象、分阶段、分方面的赓续努力过程，因而在思想政治教育话语的言说中要注重分步骤、分层次，要根据不同的对象采取不同的言说方式。最后，思想政治教育根本目标与最高价值理想的实现是一个长远而艰巨的任务，需要思想政治教育话语表达的艺术化、长期性和循序渐进性。

3. 思想政治教育环境论与载体论

思想政治教育环境是影响思想政治教育的一切外部条件的总和。[①] 思想政治教育环境论就是有关影响思想政治教育的一切外部条件的相关理论。思想政治教育环境包括自然环境、社会环境和精神环境。通常意义上所说的思想政治教育环境，主要指狭义上的思想政治教育环境，即社会环境。思想政治教育环境具有一定的复杂性和极大的开放性，使得思想政治教育环境表现出如下特征：第一，思想政治教育环境在时间和空间上并没有明确的界限，凡是有人存在的时空就存在影响人的思想的环境。第二，思想政治教育环境的构成因素多种多样，人们学习、工作、生活的所有因素都可能构成思想政治教育的环境因素，包含文字、画面、场景、氛围、情绪等。第三，环境对受教育者的影响方式多元，有暂时影响、长久影响、个别影响、广泛影响、真实影响、虚假影响、积极影响、负面影响等。第四，环境对人思想道德品格形塑的影响多是潜移默化的，一定社会环境中形成的氛围、舆论、思潮等隐形地影响着人的思想态度和立场。第五，思想政治教育环境对思想政治教

---

① 张耀灿，等. 现代思想政治教育学[M]. 北京：人民出版社，2006：295.

育的影响可以有良性与恶性、积极与消极、正向与反向之分，但大多数情况下其影响都是错综复杂、变化莫测的，难以做绝对的判断，需要秉持辩证的视角和过程论思维，抓住影响的主要方面，并对影响开展跟踪性观察，以便找准时机化恶性、消极、反向影响为良性、积极、正向影响。

思想政治教育载体是指在实施思想政治教育的过程中，能够承载和传递思想政治教育的内容或信息，能为思想政治教育主体所运用，促使思想政治教育主客体之间相互作用的一种活动形式和物质实体。[①] 思想政治教育载体论就是有关思想政治教育承载者和传递者的相关理论。图片、语音、PPT、短视频、电视、网络等传播媒介都能成为思想政治教育者传递思想政治教育信息的载体。每一种教育载体都有自身的功能和运作机制，其运作的过程也是教育者和受教育者实现良性互动的过程。教育者将言说内容借助载体作用于受教育者，思想政治教育载体在其中既具有话语承载的作用、发挥沟通中介的功能，也内蕴着价值导向的意义。

思想政治教育环境论与载体论为思想政治教育的言说提供便利。思想政治教育环境的复杂性和开放性要求结合对象的思想政治品格发展现状综合使用多种言说策略；充分利用社会环境中的各种因素展开话语表达和话语传递，例如话语场景构建、话题舆论制造、话语氛围营造等，引导话语环境向提升人们思想品格的良性方向发展。同时，思想政治教育载体论为思想政治教育话语借助载体展开言说提供思路与借鉴。思想政治教育载体理论指导思政课教学充分利用网络平台、传播媒介等创新现代话语体系，运用动画、视频、表情包、图片等丰富语言表达形式。

此外，除上述列举的思想政治教育主体论、过程论、目的论、价值论、环境论、载体论之外，其他思想政治教育的相关理论包括思想政治教育规律论、接受论以及思想政治教育开展的基本原则、理念以及各种方法等，都能为高校思政课教学语言的表达和传递提供方向、立场、原则或具体策略等方面的指导，限于篇幅不再一一展开。

---

① 张耀灿，等.现代思想政治教育学[M].北京：人民出版社，2006：391.

(三)其他学科相关理论

随着哲学社会科学的繁荣和学科发展的日益完善,一方面,学科的独立性增强,很多学科纷纷被创建、细化;另一方面,学科间的交叉融合越来越深入。一门学科若想拓展自身的"学术槽",就必须借鉴、吸收、运用其他学科的研究方法、研究成果。不同学科之间的相互融合、相互渗透、相互影响已成为学科进一步发展的必然趋势。

思想政治教育学科是一个与教育学、伦理学、心理学等多学科存在紧密关联,甚至在内容方面有一定程度交叉融合的学科,且由于思政学科成立时间不长,理论体系还有待进一步成熟和完善,因而借鉴其他学科的理论和方法开展创新,对思想政治教育理论体系的完善和发展是必要且亟须的。具体对思政课教学语言的艺术化表达而言,教育学、语言学、伦理学、心理学等学科都有相关理论可为其提供借鉴。

1. 教育学和语言学相关理论

教育学是以教育现象、教育问题为研究对象,归纳总结人类教育活动的科学理论与实践,探索解决教育活动产生、发展过程中遇到的实际教育问题,从而揭示出一般教育规律的一门社会科学。教育学涉及教育内容、教育原则、教育方法、教育规律等方面,对各类教育学科都具有一般性的指导意义。思想政治教育内容涉及对人的思想教育、政治教育和道德教育,其话语言说自然需要遵循教育的一般规律和原则,离不开教育学的相关理论指导。例如,思政课教学语言表达要遵循教育的基本规律、遵循教学语言表达的一般规律以及尊重学生思想品格发展的规律,按照因材施教、教育主导与学生主体统一、循序渐进等教育教学原则展开;言说时代话语、透彻说理讲理、把握语音语调、借助多媒体设备、注重肢体语言等教育教学语言的运用原则和方法也都是思想政治教学语言表达时应当坚持的原则和方法。

语言学,是一种用口语或文字作为媒介,表达客观世界和主观认识的方式和手段。语言学是语言文字的艺术,语言学理论中诸多有关如何增强语言教化功能、增强语言接受度和美感度的理论以及语言表达的技巧、修辞手法等都能为高校思政课教学语言的艺术化表达提供直接指导。例如,语言学中的语言教化功能理论强调无声语言的教化作用和在语言表达过程中适当使用

"情绪渲染""人格描述""比喻""拟人""夸张""类比""排比"等表达手法有效增强语言的画面感和感染力,这启示在高校思政课教学过程中也可适当借助文字、图片、视频等丰富的语言表达形式,适当地运用多种修辞手法增强语言表达的生动性。再如,语言学接受理论强调基于读者的"接受度"和"期望阈"来衡量文学作品的水平,同时通过适当"留白"来召唤读者对文学作品的进一步思考和延展性遐想,这启示高校思政课教学语言的表达也要充分考虑大学生"想听什么"和"能听什么",将思想政治教育内容通过大学生可接受、易接受的语言进行转译性表达,注重捕捉大学生对思政课教学的话语期待,结合大学生的思想困惑展开言说,使教学语言与大学生的"期望阈"内在一致,同时留给大学生一定的思考空间和话语空间,引导其主动思考、乐于表达。

2. 伦理学和心理学相关理论

伦理学是关于道德问题的理论,是研究道德的产生、发展、本质、评价、作用以及道德教育、道德修养规律的学说。伦理学与思想政治教育学虽是两门独立的学科,但伦理学中对道德问题的专门研究与思想政治教育学中的道德教育存在一定程度的内容交叉。因而,伦理学中关于道德教育的诸多内容,特别是展开道德教育的原则、方法、策略都可为高校思政课教学语言的艺术化表达提供借鉴。例如,中国古代伦理思想中集聚了诸多道德典范的思想精华,蕴含诸多经典的道德榜样故事,这些都可以成为思政课教学的优质话语资源;古代伦理学较为注重内省、慎独,注重人的内心品德与外在言行的一致,注重以身作则、言传身教,这些都可为思政课教学主体提升自身理论修养和思想道德品格,增添人格魅力和语言魅力,通过榜样效应实现教学语言的更有效输出,提升教学语言的表达能力提供启迪。

心理学是一门研究人类及动物的心理现象、精神功能和行为的科学,既是一门理论学科,也是一门应用学科。心理学研究涉及知觉、认知、情绪、人格、行为、人际关系、社会关系等许多领域,也与日常生活的许多领域——家庭、教育、健康、社会等发生关联。思想政治教育是对人开展的教育,高校思政课教学语言是对大学生开展言说的话语体系,而每个大学生由于生长环境、生活条件、成长阅历等因素的差异而表现出不同的心理特质,这要求高校思政课教学语言提升言说的针对性和精准性,借助心理学的相关理论与方法掌握并分析大学生的心理特征，事半功倍地开展教育言说。从高校思政课教学语言表达的目的、目标来看，高校思政课教学语言的传递落脚于大学生思想政治品格的塑造和提升，而健康的心理是培育大学生思想政治品格的前提、基础和保障。只有掌握大学生的心理发展规律，根据大学生心理的发展现状选择其可接受的话语言说方式，方能更有效地完成话语的传递。具体而言，例如建构主义心理学强调学习理应是受教育者内心的主动构建，学习的过程需要教育者与受教育者的双向构建，学习者存在个体心理和思想的内在差异，这为高校思政课教学语言尊重受教育者的主体性和差异性开展具体的、有针对性的言说提供理论支撑。实际上，心理学中有关人们心理的分析和结合心理分析构建的学习理论都可为高校思政课教学语言表达的艺术性提供诸多借鉴和指导。基于此，借鉴心理学的相关理论与方法是思政课及其教学语言取得言说实效、达成言说目的所必需的。反过来，思想政治教育及其话语表达的不断创新也能为大学生心理的探究提供更多的方法策略和借鉴思路。

除了上述谈及的教育学、语言学、伦理学、心理学等相关学科外，思想政治教育及其语言表达艺术与艺术学、管理学等学科亦存在联系，对其学科理论方法的借鉴还有待进一步挖掘。这里有一点需要注意，虽然教育学、伦理学、心理学、语言学等学科的理论和方法能为思政课教学语言表达提供借鉴和指导，但它们与思想政治教育是各自独立的学科。各学科在相互借鉴、吸收、学习的同时也要保持"独立自主"：一方面，应积极挖掘相关学科中的理论和方法为思想政治教育及其教学语言表达所用，进一步丰富和完善思想政治教育理论体系和思政课教学语言体系；另一方面，对相关学科的原则和方法的使用要根据思想政治教育学科的特殊性，结合思想政治教育教学实际，在吸收的基础上适当扬弃和创新，切勿生搬硬套。

第二章　高校思想政治理论课教学语言艺术的发展历程

中国共产党十分重视思想政治教育工作,"在革命、建设、改革各个历史时期,我们党对思政课建设都作出过重要部署"①。在思想政治教育工作的具体展开过程中,中国共产党尤为重视对青年人才的培育,将青年大学生的思想政治教育置于突出位置。虽然在中国共产党创办的早期大学中乃至中华人民共和国成立后相当长的一段时期内,高等教育领域并未有"高校思想政治理论课"的明确提法,但实际上中国共产党以专门课程的方式对大学生进行思想政治教育的实践探索早已展开,并一直给予高度关注和细致部署。"新民主主义革命时期,我们党在红军大学、苏维埃大学、抗日军政大学、陕北公学等高校开设'党的建设'、'中国革命运动史'、'马列主义'、'辩证唯物主义'、'科学社会主义'等课程,……新中国成立后……在高校开设'中国革命史'、'马列主义基础'、'政治经济学'、'辩证唯物论与历史唯物论'等课程,强调中高等学校政治理论课的任务是用马克思列宁主义、毛泽东思想武装青年,培养坚强的革命接班人。"②不同的时代境遇会给思想政治教育带来不同的发展空间,催生思想政治教育理念、内容、方法、语言等多维度的革新,沉淀为思想政治教育的历史传统。

---

① 习近平. 论党的宣传思想工作[M]. 北京:中央文献出版社,2020:373.
② 习近平. 论党的宣传思想工作[M]. 北京:中央文献出版社,2020:373.

一、新民主主义革命时期高校思政课发展情况及其教学语言特色分析

从中国共产党成立之日起，就注重对马克思主义的宣传和教育，注重从思想上、政治上教育引导民众，尤其注意对青年群体的教育引导。中国共产党成立后，即着手开展青年的思想政治教育工作。1922年在上海与国民党合作建立了上海大学；第一次国共合作破裂后，中国共产党在苏区建立了苏维埃大学、红军大学等；抗日战争时期建立了中央党校、抗日军政大学、鲁迅艺术学院、延安大学等；解放战争时期建立了华北军政大学、东北行政学院等。此外，不同时期中国共产党在苏区、解放区建立了多所各级各类干部学校，对青年学生开展了系统的思想政治教育工作。

(一)五四运动和中国共产党创立时期思想政治教育的语言特色

1917年11月俄国工人阶级在布尔什维克党领导下联合贫农开展了十月社会主义革命，建立了人类历史上第一个马克思主义政党领导的社会主义国家——俄罗斯苏维埃联邦社会主义共和国。苏维埃政权的建立给中国的有识之士以巨大的思想震撼，中国先进分子开始有意识地研究和宣传马克思列宁主义。随着五四运动的爆发，中国开启了新民主主义革命的征程，先进知识分子感触到了蕴藏在工人阶级中的反抗力量，以李大钊、邓中夏等为代表的知识分子开始深入工人队伍中开展马克思主义理论传播并进行工人生产和生活状况的调查，与此同时，陈独秀以《新青年》为阵地展开马克思主义理论宣传，他的《社会主义评论》《谈政治》等文章如同檄文般对无政府主义、第二国际机会主义等进行了理论批判。此外，被毛泽东誉为"理论界鲁迅"的李达通过《什么叫社会主义》《社会主义的目的》等文章，向人们阐释什么是社会主义、社会主义的目的是什么，并揭露资本主义剥削的真相，为科学社会主义的传播做出了有益探索。应当说，五四运动前后，中国有识之士开启的马克思主义理论研究、宣传的热潮，奠定了马克思主义在中国传播的基础。但不难看出，此时的马克思主义研究宣传大多数是自发的，是某一"领军人物"单枪匹马的战斗，组织性、系统性明显匮乏。

五四运动后，随着马克思主义的进一步传播，共产主义思想逐渐深入人

心。1920年起上海、北京、武汉、济南等地先后成立共产主义小组。共产主义小组通过成立研究机构、开办进步刊物、开办工人夜校等方式，有组织、有计划地研究和宣传马克思主义，其语言由零散化、口号化向系统化、生活化转变。这一时期对马克思主义的学习、研究以及宣传的计划性、组织性、系统性显著增强。经此，马克思主义话语开始被越来越多的人所知晓，马克思主义的价值理念愈发广泛地渗入工人群体之中。1921年7月23日，中国共产党第一次全国代表大会召开，中国共产党正式成立。工人阶级是革命中最坚定、最彻底、最革命、最先进的力量，中国共产党的思想政治教育工作最首先和最主要的就是对工人的教育和引导。陈独秀指出"不妥协的革命者只有工人阶级，中国国民革命运动中，若没有工人阶级有力地参加奋斗，决没有得到胜利的可能"[①]。作为工人阶级的先锋队，中国共产党在成立之初就十分注重对工人力量的鼓舞和激发，注重对工人的教育和引领，做了许多开创性工作，为党的思想政治教育工作积累了经验。从某种程度上讲，党的思想政治教育工作是从对工人的教育开始的。对工人的思想政治教育主要体现在如下两个方面：一方面，在工人中宣传马克思主义。在中国共产党成立之前，以李大钊、邓中夏为代表的先进知识分子就开始深入工人阶层，了解工人的劳动和生存现状。1920年，李大钊发文对"无产者""工人阶级"等名词进行介绍、阐释，并揭露广大工人被剥削、被压迫的事实。同时，陈独秀以《新青年》为阵地，以五一劳动节为契机刊发专号，高度评价工人阶级在社会中的地位和作用，呼唤工人阶级觉醒。中国共产党成立后，人们进一步认识到工人阶级的革命性，恽代英发出了"伟大的工人阶级啊！你们真是中国革命运动的领导者！"[②]这一时代强音。此时，中国共产党开始更频繁、更系统地深入工人群体宣传马克思主义：通过出版面向工人的刊物宣传马克思主义和当前革命形势，一些期刊如《工人之路》还时常就某一社会现象展开评论；通过在工人夜校进行系统讲解等方式向工人介绍马克思主义经典著作如《资本论》《共产党宣言》等，揭露资本家剥削工人的实质；通过举办面向工人的演讲、讲座

---

① 陈独秀.陈独秀文集(第三卷)[M].北京：人民出版社，2013：197.
② 恽代英.恽代英文集(下卷)[M].北京：人民出版社，1984：624.

等，向工人宣讲马克思主义。在多种途径的话语宣传影响下，部分工人初步知晓了马克思主义理论，并认识到了自身被剥削的现状和原因，提升了思想政治理论水平。另一方面，组织领导工人运动。这一时期，中国共产党对工人的思想政治教育并未拘囿于理论宣传层面，在革命实践方面也做了诸多有益尝试。在工人阶级认识到被剥削的现状并具备了革命的意识后，斗争便顺理成章地开展了。1921年8月中国劳动组合书记部成立，对工人运动进行整体领导，在此前后各地工会纷纷成立。在工会的领导和努力下，工人们联合起来争取利益，各工会根据行业性质和工人诉求为工人争取到了"工作餐""增加工资""缩短工时"等利益。

五四运动前后的马克思主义话语传播，可以看作是思想政治教育话语体系的萌芽。就语言特点来分析，第一，带有一定的灌输色彩。由于此时诸多民众对马克思主义和共产主义思想的认知是从"无"到"有"的，需要马克思主义理论宣传者将马克思主义思想"从外面灌输进去"，因而言语中难免带有灌输性色彩，这由当时革命的需要和人民思想启蒙的需要所决定，具有相当的历史合理性。第二，受白话文运动的影响，语言表达没有繁文缛节的限制而显得清晰流畅，容易让人接受。白话文运动前，白话文作为市井语言不被所谓的"文化人"认可和接受，虽然使用广泛但地位远不及文言文。白话文运动后，白话文逐渐登上"大雅之堂"。此时正值马克思主义在中国传播，白话文的时盛极大地助益马克思主义传播的广泛性和普及性。第三，由于需要深入工人群体进行宣讲，语言表达开始趋向生活化、平民化。

(二)大革命时期高校思政课发展情况及其教学语言特色

从1924年国民革命兴起到1927年国共合作破裂是大革命时期。在大革命爆发前夕，随着党员队伍的发展、革命任务的需要，中国共产党在传播马克思主义理论、团结工农群众的实践过程中开启了思想政治教育的工作实践，探索了适应革命发展需要的思想政治教育路径和思想政治教育话语表达方式。1922年中国共产党倡导成立了第一所正规大学——上海大学，培养了李硕勋、丁玲、阳翰笙等大批革命家和文化名人，这与上海大学思想政治教育和思政课的开展关系密切。当时，上海大学对学生思想政治教育工作较为重视，开设的思想政治教育理论类课程也相对完善。就师资来讲，有以瞿秋白、邓中夏为代表的具备较高马克思主义理论水平和革命实践经验的高素质思政课教师队伍；就课程设置来讲，一些系部如社会学系的一些课程开始以马克思经典著作为蓝本展开讲授。瞿秋白主管教务工作时还开设了选修课"现代政治"，引导学生研究社会问题，了解社会主义思想。此外，学校还时常邀请党内知名人士如李大钊、恽代英、萧楚女等到校进行演讲。值得肯定的是，上海大学的思想政治教育并未局限于校园内部，而是以校园为原点向外辐射，师生时常深入工农群众中开展马克思主义宣传，并通过开办工人夜校、平民学校等方式提升工人的思想文化素质。虽然在上海大学、工人夜校、平民学校开设的思政课并不系统，是根据革命形式需要，结合现有的师资力量而适当开展的，但为党在工人阶级和农民阶级中开展思想政治教育积累了成功经验。

中国革命的特殊性和中国农民群体的客观现状，直接决定着中国革命必须团结依靠农民，将农民打造成为革命的主力军。1924年1月，国民党一大召开，国共两党合作正式形成，以国共合作为基础的国民革命兴起。1925年毛泽东在《中国社会各阶级的分析》一文中对当时中国社会存在的各个阶级进行了研究，对中国革命应该团结依靠哪个阶级、反抗打击哪个阶级进行了分析，认为农村中数量巨大的半自耕农、佃农、贫农深受剥削，生活困窘，是工人阶级"最可靠的同盟军"。中共四大通过的《对于农民运动之议决案》明确指出"中国共产党与工人阶级要领导中国革命至于成功，必须尽可能地系统地鼓动并组织各地农民逐渐从事经济和政治的斗争，没有这种努力，我们希望中国革命成功，以及在民族运动中取得领导地位，都是不可能的"[①]。鉴于此，大革命时期中国共产党人对农民的思想政治教育工作给予了足够的重视，开展了十分有益的探索，主要表现为如下几个方面：第一，开办农民运动讲习所，对农民开展思想政治教育。国共合作期间，共产党员彭湃提议开办农民运动讲习所（简称农讲所），以培养农村革命运动人才。农讲所设置有"各国革命史""苏俄概况""经济学常识"等思想政治理论类课程，并且安排思想政治

---

① 中共中央文献研究室. 建党以来重要文献选编(1921—1949)(第二册)[M]. 北京：中央文献出版社，2011：239.

教育社会实践环节，组织学员到农村进行实地考察实践。第二，成立农民协会，对农民进行组织动员。由共产党领导的农民协会将农民有效地组织起来反抗剥削压迫，许多地区争取到了"二五减租"和"三成退押"等利益。各地农会还根据不同情况开办农民学校（夜校），提供医药服务，协调解决邻里纠纷……为农民提供实际利益。从某种程度上讲，为农民解决实际问题，带来实际利益就是最好的一种思想政治教育。第三，营造适合农民的宣传舆论氛围。大革命时期中国共产党根据农民知识水平低且文盲率高的情况，一方面通过识字班、扫盲班提升农民的知识水平，另一方面进行适合农民的宣传舆论引导。例如通过口号和歌谣的方式宣传中国共产党的方针政策，通过墙画的形式将农民受剥削的现状展示出来，让农民直观地认识到党的政策、自身的现状和斗争的对象。

此时期的思想政治教育语言主要有如下几个特点：第一，语言仍有一定的灌输性色彩。这一时期需要持续不断地对农民、工人和青年学生等群体灌输马克思主义思想，以求其在深刻认识到国家的发展现状和自身的生存困境的基础上自觉团结起来，沿着马克思主义指明的方向奋起，因而此时思想政治教育的语言间不可规避地带有一定的灌输色彩。第二，语言具有较强的感染力。在对工人、农民进行思想政治教育时，教育者常常结合他们受剥削、受压迫的生活实际展开言说，以增强语言感染力，达成话语共情。第三，语言具有较强的煽动性。此时思想政治教育的目的是团结工农群众反抗剥削压迫，具有煽动性的语言能迅速地笼络人心、凝聚力量。第四，语言通俗易懂。由于当时工人、农民受教育程度较低，此时思想政治教育语言简单易懂，有显著的平民化、生活化特点。虽然在这一时期，个别高校尝试开设了专门的思想政治教育类课程，对马克思主义理论进行系统化、学理化的学习，但总的来看，此时期的思想政治教育教学语言与时代背景下的革命需要，与党在进行工人运动和农民运动时的思想政治教育语言很难剥离开来。

（三）土地革命时期高校思政课发展情况及其教学语言特色

1927年第一次国共合作破裂至1937年第二次国共合作开始前为土地革命时期。这一时期，中国共产党找到了适合中国革命的道路——"农村包围城市、武装夺取政权"。在这一正确道路的指引下，中国共产党带领人民建立起多个革命根据地并成立了苏维埃政权。此时,教育事业也迅速发展起来,许多地方建立起红军大学、苏维埃大学、干部学校及各类专门学校,这些学校不仅传授知识、技能,更为重要的一点是"用教育与学习的方法,启发群众的阶级觉悟……深入阶级斗争和参加苏维埃各方面的建设"[①]。归纳起来,此时期高校思想政治教育有如下特点。

第一,思想政治教育理论氛围浓厚。在苏区的高等教育中,对思想政治教育理论十分重视,专门开设了马克思主义原理、中共党史、工人运动等课程,《共产党宣言》《国家与革命》等马克思、恩格斯、列宁原著是必读书目。第二,党的领导人走上思政课讲台。当时党的领导人毛泽东、朱德、周恩来以及留苏归来的任弼时、陈云、博古等时常到红军大学等学校讲授思政类课程,例如毛泽东在红军大学开设过"中国革命战争的战略问题",在苏维埃大学开设过"苏维埃运动史";刘少奇、周恩来、陈云等在马克思主义学校纷纷根据个人工作实际和理论特长开设专门课程。第三,思政政治教育的社会实践课程异彩纷呈。苏区各类学校对思想政治教育实践都十分重视,当时各类学校利用课余时间,有的学校甚至拿出专门的时间设置社会实践环节,深入各地开展社会实践,宣传党的政策主张和马克思主义理论。第四,思想政治教育载体日益多元。通过讲座、墙报、歌谣、短剧表演等多种途径开展思想政治教育,营造了浓厚的思想政治教育氛围。第五,思想政治理论课紧跟时代热点问题。土地革命时期,党的具体目标和任务随着革命客观形势的变换需要随时调整,此时的思想政治理论课紧跟革命发展需要,及时反馈革命发展形势,反映社会热点问题,具有强烈的现实感和时代性。应当说,土地革命时期苏区各级各类学校,尤其是高等学校思想政治理论课程的开设为党的思想政治教育以及此后的思想政治理论课建设积累了宝贵的经验。

此时期的思想政治理论课教学语言特色表现在:第一,语言仍有一定的灌输性色彩。因革命发展的需要,这一时期仍需要持续不断地对工人进行马克思主义思想的灌输,使其深刻认识到国民党反动统治下国家的悲惨现状和自身的生存困境,自觉团结起来沿着马克思主义指明的方向奋起。第二,语

---

① 江西省教育学会. 苏区教育资料选编(1929—1934)[M]. 南昌:江西人民出版社,1981:6.

言表现形式多样、内容丰富。此时思政课教学形式多样，并不拘泥于课堂讲授，戏剧、诗歌、民谣等都成为思想政治教育的形式，直接影响思政课教学的语言输出样式，使其变化多样，也承载了更丰富的语言内容。此种语言表现形式的丰富多元有助于对不同阅历、不同家庭、不同文化背景的青年学生开展教育引导，也更能产生"润物无声"的教育良效。第三，语言思想深刻、见解独到。此时专门的思政课教师数量不多，但承担思政课程教授任务的人却多是思想的"大家"和革命的"勇士"。党的领导人、军队干部纷纷走向思政课堂，他们思想敏锐、阅历丰富，对中国革命形势有深刻的洞见，使思政课教学语言闪耀着思想和智慧的火花，常常能给青年学生以醍醐灌顶的启发，引发有志青年见微知著、深入思考。第四，语言贴近社会发展实际。此时的思政课紧密结合革命形式和社会发展实际展开讲解，语言表述与革命实际和社会现实"针锋相对"，语言表述犀利而有针对性和现实性。

(四)抗日战争时期高校思政课发展情况及其教学语言特色

日本发动全面侵华战争后，中国共产党从挽救民族危亡的角度出发，发出了"停止内战，一致抗日"的号召。这一时期中国共产党的中心任务是带领全体中华儿女反抗日本帝国主义的侵略，党的思想政治教育工作也围绕这一任务展开。从中国共产党成立到全面抗战爆发，中国共产党逐步发展壮大，锻造了一支思想政治教育工作队伍，并积累了一定的思想政治教育经验。抗战期间共产党主办大学的数量不断增加、种类不断丰富、规模也不断扩大，如抗日军政大学、中央党校、民族学院、陕北公学、自然科学院、鲁迅艺术学院、中国女子大学等。在战争时期，大学将教育使命聚焦于培养保家卫国、振兴中华的有志之士。在物质匮乏、条件简陋的年代下，这些高校接纳了来自祖国各地的青年，培养了数十万优秀学子，同时也为中华人民共和国成立后的高校思想政治教育工作积累了有益且宝贵的经验。

抗日战争时期中国共产党主办的大学对思想政治教育尤为重视，并形成了鲜明的风格：第一，办学初始即有明确的办学方针。中国共产党在抗日战争时期开办的高等学校的直接目标是培养保家卫国、振兴中华的有志之士，这也成了各校办学的方针，包括思想政治教育在内的各项工作都围绕这一方针展开。第二，进行有针对性的思想政治教育。抗日战争时期大学多集中在延安，当时不同民族、不同年龄、不同家庭背景、不同学历、不同经历的青年纷纷涌入延安，为更好地对他们进行思想引导，各高校根据学生的不同情况进行了不同类型的思想政治教育，确保思想政治教育实现最好的效果。第三，拥有高质量的思想政治教育工作队伍。经过五四时期的启蒙、大革命时期和土地革命战争的历练，中国共产党内成长出一批具备高超理论水平和较强实践能力的思想政治教育工作者，并且延续了党的领导深入课堂讲授思想政治理论课的优良传统，毛泽东、刘少奇、周恩来、朱德、任弼时、陈云等领导人，贺龙、罗瑞卿等战将，艾思奇、张如心等理论大家都曾结合工作实际讲授过不同类型的思想政治理论类课程。第四，逐渐丰富系统的思想政治教育内容。在思想政治教育理论课程方面，在继承重视马恩原著、时事政策的基础上又增添了马克思主义中国化理论。尤为值得一提的是，此时的高校思政课堂甚至成为马克思主义中国化理论的诞生地，例如《矛盾论》《实践论》这两篇毛泽东的重要著作就是抗日军政大学思政课的重要部分。第五，不同学校思想政治教育特色不断彰显。例如中央党校和马列学院比较重视理论研究；鲁迅艺术学院通过抗日剧目排演、抗日歌曲创作进行思想政治教育；抗日军政大学时常邀请名将讲解战场形势。此外，在国统区高校、沦陷区高校，党组织也通过多种途径对有志青年开展教育，以激发他们的爱国热情，促使他们积极参与抗日救亡运动。

此时期思政课教学语言主要有如下几个特点：第一，语言的灌输性色彩浓厚。这一时期仍需要持续不断地对农民、工人和青年学生等群体灌输马克思主义思想，以求其在深刻认识到国家的发展现状和自身的生存困境的基础上自觉团结起来组成最广泛的统一战线共同抵抗日本侵略。这一时期，马克思主义理论的持续灌输成为人民抵抗日本侵略和追求美好生活的强大精神动力和思想武器。第二，语言中渗透浓厚的爱国情感。抗战时期，无数中华儿女奔赴延安，延安的大学汇聚着不同年龄、民族、家庭背景的学生，他们最大的共同特点是都怀着爱国之心。此时反抗日本帝国主义的侵略成为全体中华民族最重要、最紧迫的任务，爱国情感能迅速地凝结人心，汇聚力量。因此该时期的思政课教学语言中自然内蕴着极为浓厚的爱国情感。第三，语言充满战斗情怀。由于受到日本帝国主义的侵略，中国人民急迫想要改变被压迫、受欺辱的现状，内心充满不满和愤恨。思政课教学就是要通过语言的传递和引导将此种被压迫、被欺辱的愤恨之情转化为勇于战斗的革命之情，因而其语言间自然饱含"斗志"。第四，语言学理性渐强。在抗日战争的磨砺中，中国共产党逐渐凝聚人心、发展壮大，党的理论在实践中进一步提炼和丰富，对马克思主义的理解也愈发深入和透彻，思政课讲授者的理论水平不断提升。因此，思政课教学语言的理论内蕴渐强，语言的理论阐释力不断提升。

(五)解放战争时期高校思政课发展情况及其教学语言特色

抗日战争胜利后，蒋介石集团妄想独吞胜利果实，不顾人民对安定和平生活的强烈渴望，在美国帝国主义的支持下悍然进攻解放区，发动内战。为保卫胜利果实，中国共产党奋起反击，解放战争由此开启。解放战争时期，中国社会的主要矛盾已经由中华民族与日本帝国主义侵略者的矛盾转变为共产党代表的无产阶级和国民党反动派代表的大地主大资产阶级之间的矛盾，"打倒蒋介石，解放全中国"是中国共产党在这一时期提出的任务和口号，中国共产党的高校思想政治教育工作也围绕这一中心任务开展，为解放战争的胜利提供思想助力。

解放战争时期的高校思想政治教育可分为老解放区的思想政治教育和新解放区的思想政治教育。在老解放区，高校思想政治教育在沿袭抗日战争时期特色的基础上加以丰富，主要表现为如下几个方面：首先，结合抗日战争的伟大胜利，进一步激发青年学生的爱国热情，广大青年的民族自豪感和自信心空前高涨。其次，教育引导青年学生认清国民党"假和谈、真内战"的面目，号召广大青年做好战斗准备。最后，揭露国民党统治的反动性和腐朽性，让广大青年了解"一切反动派都是纸老虎"的事实，坚定必胜的信心和信念。在新解放区，高校思想政治教育直面严峻的形势和急迫的任务。一方面，日本帝国主义推行的"奴化"教育影响亟待破除，另一方面，国民党政府的"党化"教育也需要加以剔除。为更好地解决这些难题，新解放区党政部门和各高校主要做了如下几个方面的努力：第一，加强对高等教育的管理。解放战争时期中国共产党对新解放区高校思政工作尤为重视，通过派干部、派骨干教师等方式加强管理。第二，厘清客观真实的历史和形势。向师生讲清蒋介石集团反革命的历史及卖国、独裁、发动内战的事实。第三，介绍土地改革的情况。向学生讲解地主阶级的剥削情况及农民翻身得解放的情况，激发学生的情感共鸣和政治认同。第四，引导学生积极参与社会活动。组织学生走出校门，走向社会，向民众开展政策宣传；组织学生参与社会活动，通过社会服务提升其思想素养。此外，在国统区高校，党组织对青年大学生也开展了多种途径的思想政治教育。解放战争时期国统区高校思想政治教育工作的主要方针是"勤学、勤业、勤交友"，要求党员师生在高质量完成工作学习任务的同时适时地做好思想政治教育工作，"提高了党员的社会地位和威信，使众多的学生党员成为人民心目中的优秀生，同学的知音、良友和楷模"[①]。解放战争时期的高校思想政治教育，对团结青年反抗国民党反动统治，夺取解放战争的胜利奠定了坚实的群众基础和思想基础。

为了与此时期的高校思想政治教育特色相适应，思政课教学语言也集中呈现出如下几个特点：第一，语言仍有一定的灌输性色彩。这一时期需要持续不断地对农民、工人和青年学生等群体灌输马克思主义思想，以求其深刻认识到马克思主义理论的科学性，自觉团结在中国共产党周围，为夺取解放战争的胜利凝聚民心、贡献力量，因而此时思想政治教育的语言仍带有较强的灌输色彩。第二，口号、标语式语言特色突出。这一时期为更好地教育人民，中国共产党提出了一些口号，这些口号简单易懂、直截了当、朗朗上口，如"打倒蒋介石、解放全中国"等。第三，语言针对性明显。解放战争打响之初，思政课教学语言旨在引导青年学生在认清国民党统治的反动本质的基础上增强对中国共产党的拥护和对解放战争胜利的信心。随着解放战争节节胜利，解放区面积不断扩大，面对新解放区的工人农民和广大青年学生，原有的思想政治教育内容及其语言并不完全适用，需要适时根据全国革命形势做出调整，通过逐渐的系统化、科学化来为新中国成立后的思想政治教育做好铺垫。

综上所述，从中国共产党成立到中华人民共和国成立的二十八年里，无论历史如何变迁、形势如何紧张、革命形势如何变化，对思想政治教育和思

[①] 中共上海市委党史资料征集委员会.解放战争时期上海学生运动史[M].上海：上海翻译出版公司，1991：247.

政课教学的重视始终未改变。新民主主义革命时期中国共产党的主要任务是在马克思主义思想指引下团结带领中华儿女取得民族独立和人民解放，因而革命性是这一时期思想政治教育话语的最显著特征，可称之为"革命话语"。具体到五四启蒙时期、大革命时期、土地革命时期、抗日战争时期、解放战争时期等不同时期，又因每个时期的时代背景和时代使命不同，思想政治教育目标、内容、途径等也有不同，语言的特点也稍有差异。虽然这一时期思政课教学语言艺术并未引起直接重视，但这并不等同于此时期的思政课毫无语言艺术性可言。恰恰相反，特殊的革命时代背景和中国共产党领导的革命实践为思想政治教育话语的表达和传递奠定了实践根基，因而此时期的思政课语言表达虽具有明显的灌输痕迹，但却是立足当时的革命大形势需要以及整体青年学生的思想政治状况展开的，不仅具有较强的时代性、现实性，也具有强烈的感染力和针对性，教学语言传递效果良好，真正做到了"入耳、入脑、入心"，思想政治教育效果立竿见影。

二、社会主义革命和建设时期高校思政课发展情况及其教学语言特色分析

1921年中国共产党成立，颁布了革命纲领，确立了新民主主义革命路线，开启了中国人民求独立、求解放的革命道路。1949年，中国共产党经过28年的不懈奋斗，带领中国人民推翻了压在头上的三座大山，建立了新中国，开启了社会主义革命和建设的崭新篇章，高校思政课及其语言艺术也迎来了新的发展机遇。

(一)中华人民共和国成立初期高校思政课发展情况及其教学语言特色

中华人民共和国成立前的一百多年，中国屡遭侵略、屡受剥夺，始终战火纷飞、民生凋敝；中华人民共和国成立后到社会主义三大改造完成确立起社会主义制度是社会主义的革命时期，这一时期内忧外患并存，在外敌环视、国内建设亟待发展的特殊时期，高校思想政治理论课在艰难前行中也迎来了一定程度的发展。

当时高校思政课建设面临的困难主要有：第一，思政课专职教师数量缺乏。对很多高校来讲，思想政治理论课是一门新课程，没有开设经验，专职

的思政课教师也较为匮乏。第二，部分教育管理者对思想政治理论课认识不足，一些教育管理人员认为思想政治理论课不传授具体专业知识，对提升个人能力效果不甚明显。第三，对在校大学生的教育难度大。中华人民共和国成立初期，地主、资本家等富裕阶层出身的在校大学生占一定比例，由于之前所受教育的影响，个别学生在某种程度上对中国共产党的理论方针政策存有抵触情绪，教育难度较大。

为解决这一问题，当时教育主管部门和广大思政课教师做了诸多努力。主要有如下几个方面：首先，在国家层面做好高校思想政治理论课的顶层设计。1949年，党中央明确"课程改革的中心环节是加强政治课学习"[①]，对思想政治理论课的重要性做出了指示。1950年10月，教育部颁发《关于高等学校政治课教学方针、组织与方法的几项原则》为高校思政课建设提供了方向指导。其次，初步构建起高校思政课课程体系。中华人民共和国成立后各高校立即将"国民党党义"等课程取消，统一开设"唯物辩证法""新民主主义论"等课程，快速建立起以马克思主义理论为基础的高校思想政治理论课课程体系。最后，充实高校思政课教师队伍。通过从老解放区调入、高校定点培训、毕业生选拔等多种途径较为快速地培养起一支高校思想政治理论课教师队伍。

中华人民共和国成立初期思政课教学语言带有鲜明的时代特色。其一，语言仍有一定的灌输性色彩。这一时期出于巩固新生政权的需要，仍需要持续不断地加强对马克思主义理论的灌输，以使人民进一步坚定向社会主义过渡、走社会主义道路、投身社会主义建设的决心和信心。同时受计划经济的影响，此时的高校思政课教学部署也带有一定的计划色彩，思政课教学语言也带有一定的生硬性。其二，语言感染力充沛。此时，一些具备革命经历的知识分子开始担任高校思政课教师，他们见证了中国共产党的发展和国家的创建，有的更是直接参与了革命斗争，他们真切地感受到了中国共产党全心全意为人民服务的宗旨，感受到了中华儿女不屈不挠的斗志，对中国共产党和人民具有深厚的感情，因此语言表达情感充沛，具备较强的语言感染力。其三，语言表达充溢自信。新民主主义革命的伟大胜利营造了一个良好的社

---

① 石云霞. 新中国成立以来高校思想理论教育史研究[M]. 北京：人民教育出版社，2005：12.

会整体氛围，当时人民翻身获得解放，革命理想变为现实，全党全国各族人民自信满满。高校思政课教师作为人民的一员和马克思主义理论的研究者，在理论上对马克思主义具有高度自信，对中华人民共和国的成立充溢着自豪感和幸福感，在讲述马克思主义理论、党的历史、中国故事时语言表达也充溢着自信的色彩。其四，教学语言口语化倾向明显。此时，由于教材编制、师资水平、学科建设等工作尚未系统开展，教师语言规范性尚未得到重视，高校思政课教师教学语言有口语化倾向。

(二)社会主义初步探索时期高校思政课发展情况及其教学语言特色

社会主义改造顺利完成后我国展开了社会主义建设的初步探索，中国共产党和国家的事业继续向前发展，但由于缺乏国家管理经验加之国际环境突变，导致一些工作出现问题，高校思想政治教育不可避免地受到一定程度的影响，此时期的高校思政课在曲折中前进。

随着中苏关系的趋冷直至破裂，我国逐渐开始转变模仿苏联的发展模式。1956年毛泽东在《论十大关系》中指出："最近苏联方面暴露了他们在建设社会主义过程中的一些缺点和错误，他们走过的弯路，你还想走？过去我们就是鉴于他们的经验教训，少走了一些弯路，现在当然更要引以为戒"[①]。此时期，毛泽东指出要进行马克思列宁主义与中国发展的"第二次结合"，即通过马克思列宁主义指导中国建设的实际。在高等教育领域也开始改变全盘苏化模式，高校思政课由于其特殊的政治属性表现得更为明显和直接。此时期，为推进高校思政课教学改革，教育主管部门发布《关于改进高等学校、中等学校政治理论课的意见》等文件对高校思政课的课程、课时等做出明确要求。特别需要注意的是，此时文件对教学方法亦做出了要求，即高校思政课教师需多用启发法进行教学，对如何使用、在什么情况下使用以及使用的方法步骤等方面都做出了较为细致的指导，由此也使得这一时期高校思政课的"计划"色彩较为浓烈。

这一时期，就思政课教学语言来讲主要有如下几个特点：第一，语言的灌输性色彩仍旧浓厚，同时又因教师对思政课教学的具体步骤的详细指导和

---

① 毛泽东文集(第七卷)[M]. 北京：人民出版社，1999：23.

规约，而使得教学过程中语言的表达和传递带有一定的计划性色彩和生硬性。第二，语言的政治性较为明显。受"大跃进"运动、"四清"运动等影响，这一时期思政课教学语言的政治性尤为明显，教师的教学语言与政治运动、政治事件等联系密切。第三，语言的互动性较为突出。此时按照高等教育管理部门的要求，启发式教学成为思政课讲授的必要环节，思政课教师在教育和引导学生讨论、参与学生讨论时，与学生的交流明显增多，语言的互动性较为突出。第四，语言的实践性和生活化色彩较强。"教育与生产劳动相结合"是这一时期提出的教育发展方针，在这一方针的指引下师生到工厂、农村接受教育成为常态。在此过程中师生共同接受劳动实践教育，如此既使得教学语言带有明显的生活化特色，也有效缩短了师生之间的心理距离和话语鸿沟。

在"文化大革命"十年浩劫中，党和国家的各项事业都遭受严重打击。高等学校日常工作受到严重干扰，师生开始"停课闹革命"，高等教育几乎陷入全面停滞的状态。就高校思政课而言，部分政治理论教研室被拆解，一些如哲学、中共党史等课程被取消，思政课课时减少，甚至学生开始以自学为主。这一时期思政课的主要内容是学习"无产阶级专政理论"，主要学习材料是毛泽东著作；思想政治教育的主要方式是"大批判"，即通过批评活动来对学生进行思想政治教育。一些高校按照"开门办学"的方针让师生到农村、工厂、部队、矿山开展"学工""学农"，出现片面重视体力劳动的倾向。这一时期高等教育出现过两次转机，即1972年至1973年周恩来主持中央工作时期和1975年邓小平主持中央工作时期，混乱中的高等教育得到了一些发展，思政课也有了喘息的机会，但总体上看这一特殊时期"停滞"乃至"倒退"是其发展态势。

"文革"时期思政课教学语言也呈现出一些典型特征：首先，语言的语录化倾向明显。此时毛主席语录成为思政课的必学内容，"语录"也成为讲解和论证政治问题的有力论据。其次，语言接地气。受到"开门办学"教育方针的影响，高校师生与工农群众的接触明显增多，语言风格也受到广大工人、农民的影响而较为接地气。最后，语言的个人色彩趋淡，呈现中规中矩的趋同化倾向。受特殊环境的影响，在思政课教学方面教师多表现得"中规中矩"，课程讲授中语言有较大的趋同性倾向，个人色彩趋淡。

三、改革开放和社会主义现代化建设新时期高校思政课发展情况及其教学语言特色分析

1976年10月，华国锋、叶剑英、李先念等中央领导顺应党和人民的意愿，对"四人帮"进行隔离审判，标志着"文革"结束，中国发展开始步入新的时期。1978年，党的十一届三中全会召开后，随着高考制度的恢复和高等学校教育教学秩序的好转，高校思想政治理论课教育教学工作也从"文革"的束缚中解放出来，呈现良好的发展势头。自此，中国的社会主义建设和高校思想政治教育步入了改革开放的新阶段。

(一)改革开放初期高校思政课发展情况及其教学语言特色

1979年上半年，教育部开始通过实地调研对高校思想政治理论课开展情况进行了梳理摸排，发现了一些问题。教育部在调研结束后迅速出台了《改进和加强高等学校马列主义课的试行办法》，对高校思想政治理论的地位、管理机构设置、课程开设、教育教学目标、教材、教法、学时、教师队伍建设等课程建设的细节都做了较为翔实的要求，对解决当时高校思政课建设中存在的问题、推进高校思政课改革具有重要的指导意义。1982年，教育部颁布并实施《关于在高等学校逐步开设共产主义思想品德课程的通知》，进一步丰富了高校思政课的课程体系，高校思政课教育教学秩序得到恢复和重建。1984年党和国家为培养专业人才，推动思想政治教育的科学化、规范化，开始在高校设立思想政治教育学科，从此高校思政课走上学科化发展道路。1985年8月，国家教委颁布了《关于在高等学校进一步贯彻〈中共中央关于改革学校思想品德和政治理论课程教学的通知〉的意见》。该意见结合经济社会发展形势和高等教育现状对高校思政课教学做出了整体规划和布局，对原有课程设置进行了调整，增设了"中国社会主义建设"课程，将"中共党史"改为"中国革命史"，为高校思政课科学化、规范化发展奠定了基础。该意见出台后，高校思政课建设开始显示出勃勃生机，各项工作有条不紊地进行，但其中仍有不可忽视的问题。首先，教师队伍质量参差不齐。思想政治理论课教师队伍规模较小且质量不高，例如教师专业背景较为杂乱，教师队伍年龄总体偏大，教师职称结构不合理等。其次，教育教学得不到应有的重视。一些学生、教

师甚至学校认为思政课不教授专业知识、不传授专门技能，因而在教学和学习中抱着完成任务的心态，导致教育教学质量不高。

此时的高校思政课教学语言呈现如下特点：其一，早期受"文革"影响较大，话语批判性、辩论性较强，主要表现为对"文革"的批判。其二，中期受"解放思想、实事求是"思想氛围的影响，语言表达风格中的灌输性、强制性、生硬性色彩有所淡化，话语间内蕴着解放思想的色彩，话语中闪烁着思想变革的火花。其三，学科话语规范性不强。受制于学科发展和教师专业背景等客观因素，加之教材体系尚未完全建立，此时期教师话语表达仍旧有规范性不强的问题存在。

(二) 20 世纪 90 年代高校思政课发展情况及其教学语言特色

20 世纪八九十年代，世界局势波诡云谲，东欧剧变、苏联解体，世界范围内社会主义发展受到严重挫折，中国共产党和国家的事业发展在取得成就的同时也将面对内忧外患的严峻国际形势。1989 年 3 月，邓小平在同中央负责同志谈话时指出，"十年来我们的最大失误是在教育方面，对青年的政治思想教育抓得不够，教育发展不够"[①]。步入 20 世纪 90 年代，随着国内国际发展形势的日趋复杂，党中央对高校思想政治工作更为重视，进一步从多个方面强化、巩固高校思想政治教育工作，高校思想政治理论课迎来了新的发展机遇。

1993 年中共中央、国务院发布的《中国教育改革和发展纲要》对教育的发展形势和目标等做了分析，并强调了高校思想政治教育的重要性。1994 年发布的《中共中央关于进一步加强和改进学校德育工作的若干意见》中明确提出："要把思想政治教育作为人文社会科学的重点学科加强建设，把德育重大问题研究项目列入国家教育科学研究规划和国家哲学社会科学研究规划。"[②]1995 年发布的《中国普通高等学校德育大纲》进一步明确指出"学校政治理论课和思想品德课是系统地对学生进行马克思主义理论教育和品德教育的主渠道和基

[①] 邓小平文选(第三卷)[M].北京：人民出版社，1993：287.
[②] 中共中央文献研究室.社会主义精神文明建设文献选编[M].北京：中央文献出版社，1996：537.

本环节，要重点进行教学内容和方法的改革"①。这些文件表明思想政治理论课在教育引导青年中的重要作用，同时也表明思想政治理论课程建设已经上升到国家发展战略的高度。1995年10月，国家教委在印发的《关于高校马克思主义理论课和思想品德课教学改革的若干意见》中又提出：进一步推动"两课"的科学研究和学科建设，要把马克思主义理论教育和思想政治教育作为人文社会科学的重点学科加以建设，把"两课"作为学校的重点课程加以建设。"要把思想政治教育作为人文社会科学的重点学科加强建设，把德育重大问题研究项目列入国家教育科学研究规划和国家哲学社会科学研究规划"。② 1998年中宣部、教育部印发了《关于普通高等学校"两课"课程设置的规定及其实施工作的意见》（又称"98方案"），对各层次高等教育思想政治理论课开设的科目、学时等做出明确而具体的规定，敦促思想政治理论课课程体系进一步完善。同时，这一时期还对思想政治理论课教师提出了新要求。例如，1991年8月国家教委发布的《关于加强和改进高等学校马克思主义理论教育的若干意见》中要求教师"积极利用现代化教学手段，适当开展电化教学"③，还要求教师"围绕教学开展科学研究"④。随着国家层面的高度重视和各项政策文件的出台，高校思想政治课迎来了发展的"春天"。

此时，随着高校思政课愈发受到重视，思政课教师的工作积极性也被有效激发，但仍不可避免地存在些许问题。其中最为主要的就是课程数量和课时量的同时增多导致师资队伍人手不足。为弥补师资队伍人手不足的问题，多数高校采取两种办法：第一，校内调岗，从其他教学岗位、行政岗位调入；第二，校外招聘，面向社会、高校毕业生招聘。由此，部分无思政教育学科背景和思政课教学经验的教师加入思政课教师专职队伍，暂时性导致教师队

---

① 中共中央文献研究室. 社会主义精神文明建设文献选编[M]. 北京：中央文献出版社，1996：532.

② 中共中央文献研究室. 社会主义精神文明建设文献选编[M]. 北京：中央文献出版社，1996：537.

③ 教育部社会科学司. 普通高校思想政治理论课文献选编（1949—2008）[M]. 北京：中国人民大学出版社，2008：141.

④ 教育部社会科学司. 普通高校思想政治理论课文献选编（1949—2008）[M]. 北京：中国人民大学出版社，2008：143.

伍整体专业素养参差不齐。

此时期高校思政课教学语言有如下特点：第一，语言规范性进一步提升。虽然由于部分无思政教育学科背景和思政课教学经验的教师加入思政课教师专职队伍，使教师队伍专业素养参差不齐，但由于这一时期中国共产党和国家对高校思政课的高度重视，相关政策文件的具体指导，听课、评课等有效举措的开展以及学科建设的推进等，教师整体素养和教学能力迅速提升，教学语言的规范性相较于以往而言也在逐步加强。第二，语言表达推陈出新速度加快。随着改革开放的赓续深入，尤其是社会主义市场经济的建立，产生了一些新的现象和词汇，同时又涌入了诸多外来的概念范畴。这些都成为时下青年大学生关注的焦点、热点，也成为高校思政课教师教学的语言素材。第三，语言的吸引力逐步提升。此时期我国高等教育开始扩大招生，高等教育由精英化逐步向大众化过渡，高校学生数量激增，大学生整体政治素养和政治理论功底存有差异，倒逼思政课教师运用更加生动有趣的语言来吸引学生，提升语言传递有效性。

(三)21世纪初期高校思政课发展情况及其教学语言特色

步入21世纪，在国际形势方面，和平与发展仍是世界发展的主流，但同时依然存在国家间竞争日益激烈、南北差距不断拉大的客观情况，世界经济政治格局悄然发生变化，一些西方发达国家仍然对我国抱着强烈的敌对态度，通过各种途径诋毁和抹黑中国，尝试以各种"文化革命"影响国人，特别是影响尚处于"三观"形塑时期的青年大学生；在国内形势方面，改革开放持续推进，国家政治、经济、文化、社会、生态等各方面建设都取得了长足的进步，同时也时刻经受着国外涌入的多元价值文化、多种价值理念的冲击。尤其是网络信息技术革命的到来打破了世界交往的时空限域，使得人们即时即刻暴露于良莠不齐的各类信息面前。特别是对青年大学生而言，其生长于改革开放的浪潮之中和祖国日渐强大的环境之中，未亲历党和国家的艰苦岁月，未经受革命和战争的洗礼，且"三观"尚未完全成熟，极易受到各种社会思潮的裹挟和影响。这对作用于人的精神世界、构建大学生精神家园的高校思政课提出了更高的要求。

随着国内外的发展形势、教育环境和教育对象思想的变化，原有的思政课教学方案已不能完全适应21世纪的发展需要。2005年中宣部、教育部发布了《关于进一步加强和改进高等学校思想政治理论课的意见》(简称"05方案"),对高校思政课进行了重大调整,形成了由五门课程构成的较为系统完备的课程教育体系,这标志着高校思政课程建设步入科学化发展阶段。随着"05方案"的颁布,高校思想政治教育也在21世纪迎来了发展契机。一方面,"05方案"指明并强调了高校思政课的作用和地位,明确指出高等学校思想政治理论课承担着对大学生进行系统的马克思主义理论教育的任务,是对大学生进行思想政治教育的主渠道。另一方面,提出了思想政治理论课学科建设的具体要求,即设立马克思主义一级学科,开展马克思主义理论体系研究,开展马克思主义发展史、马克思主义中国化研究,开展思想政治教育研究,为推进党的思想理论建设和巩固马克思主义在高等学校教育教学中的指导地位,为加强高校思想政治理论课建设,培养思想政治教育工作队伍提供有力的学科支撑。

"05方案"还明确就思政课教学语言提出了要求,为思政课教学语言艺术水平的提升提供了方案指导。该方案中明确指出"要多用通俗易懂的语言、生动鲜活的事例、新颖活泼的形式,活跃教学气氛,启发学生思考,增强教学效果"[1],这标志着思政课教学语言开始受到重视。此后,无论是在教学实践中,还是在理论研究中,"教学语言"逐渐被关注。总体观之,这一阶段高校思政课教学语言有如下几个特点。

第一,教学语言艺术从无意识的"自发性"存在状态向有意识的"自为性"存在状态转变。长久以来,思政课教学语言作为一种自发性存在,所受到的关注并不多,多数思政课教师也没有将其作为教学艺术来修炼。而"05方案"的公布特别是其中对思政课教学语言的相关要求,使得诸多学者和教育者开始有意识地关注思政课教学语言。一方面,思政课教师开始将教学语言作为提升课堂质量的能力来锻炼;另一方面,思政课教学语言成为思想政治教育学理探究的理论视角开始被学者们关注。由此,思政课教学语言艺术从某种

---

[1] 中共中央宣传部 教育部关于进一步加强和改进高等学校思想政治理论课的意见[EB/OL].(2005-02-07)[2023-01-15]. http://www.moe.gov.cn/srcsite/A13/moe_772/200502/t20050207_80415.html.

"自发性"存在升华为"自为性"存在。

第二,教学语言理论性和规范性有所提升。随着马克思主义学科作为重点学科、思想政治理论课作为重点课程,以及思政课课程体系的构建,投入在思政学科和思政课程方面的资源愈发增多,思政课建设在课程内容、课程方法等多维度走上了科学发展的道路,教学语言的规范性、理论性、权威性也伴随着课程建设的发展逐渐树立。同时,教师队伍及其后备力量不断充实,教师理论培训力度不断加大,教师的理论素养不断提升,都有利于教学语言的理论性和规范性。

第三,教学语言生动性和趣味性倾向展现。网络的时兴使其开始与教师争夺课堂话语权,思政课教学语言若缺乏生动性则很难将学生从"网络端"吸引至"课堂端",倒逼教学语言借助网络媒介、借鉴网络话语资源增加趣味性和吸引力。照本宣科地讲解教材,生搬硬套的理论宣教方式表现出一定程度的不适应和失效性,而通过生动形象、多元立体的语言方式来与学生沟通愈发受到思政课教学语言表达的重视。

四、新时代高校思政课发展情况及其教学语言特色分析

从党的十八大开始,中国特色社会主义进入新时代。2017年10月18日,习近平总书记在党的十九大报告中对我国发展阶段做出重大判断:"经过长期努力,中国特色社会主义进入了新时代,这是我国发展新的历史方位"[①]。新时代社会思潮纷纭激荡,价值取向愈发多元,高校作为意识形态工作的前沿阵地,思想政治理论课作为铸魂育人的主渠道,在价值理念引领和思想品格形塑方面的地位和作用不可置疑、不容忽视。新时代以来党和国家对高校思政课给予了前所未有的重视,并在承接以往工作经验的基础上"因事而化、因时而进、因势而新",结合新时代发展需要和大学生思想政治状况的变化全方位布局。在党、国家、社会、广大思想政治理论教育工作者和大学生们的共同努力下,高校思政课建设取得了新时代的突破性发展。

---

① 中共中央党史和文献研究院.十九大以来重要文献选编(上)[M].北京:中央文献出版社,2019:7.

(一)将思政课建设"摆上重要议程"

在顶层设计方面,将思政课建设"摆上重要议程"①。党的十八大以来,以习近平同志为核心的党中央高度重视思政课建设,结合党和国家的教育方针、遵循教育的规律和青年大学生的思想品格特点以及思想政治理论课的教育教学目标做出了一系列重大决策部署,召开多次专门会议,连续发布多个指导性文件,为思政课建设提供文件指导和政策遵循。2015年中央宣传部、教育部印发《普通高校思想政治理论课建设体系创新计划》(教社科〔2015〕2号),其中明确指出"办好思想政治理论课,事关意识形态工作大局,事关中国特色社会主义事业后继有人,事关实现中华民族伟大复兴的中国梦,必须始终摆在突出位置,持之以恒、常抓不懈"②。

在政策制定方面,给予高校思政课更细致化和创新性的指导。从"三全育人"综合改革、"双一流"建设、示范课程建设、教学名师和团队建设、教学研究示范中心建设、教学能力培训、学科专业评估、本科教学评估、"双高计划""课程思政""网络思政""大中小学一体化"建设等多维度形成了高校思政课的政策规约和发展指南。

在管理体制机制方面,给予高校思政课更坚实的保障。2019年3月18日,习近平在主持学校思想政治理论课教师座谈会时要求:"各级党委要把思政课建设摆上重要议程,抓住制约思政课建设的突出问题,在工作格局、队伍建设、支持保障等方面采取有效措施。"③此后,各级党委和教育主管部门开始对高校思政课建设给予更多关注和资源倾斜,思政课建设在人、财、物等方面得到了全方位的支持。

在教师队伍的建设和评价方面,给予高校思政课教师更高的地位,对思政课教师提出更高的要求。在学校思想政治理论课教师座谈会上习近平总书记指出"思政课是落实立德树人根本任务的关键课程,思政课作用不可替代,思政课教师队伍责任重大"④"要配齐建强思政课专职教师队伍,建设专职为

---

① 习近平. 论党的宣传思想工作[M]. 北京:中央文献出版社,2020:387.
② 张明海. 社会主义核心价值观融入高校思政理论课教学研究[M]. 北京:人民出版社,2022:58.
③ 习近平. 论党的宣传思想工作[M]. 北京:中央文献出版社,2020:387.
④ 习近平. 论党的宣传思想工作[M]. 北京:中央文献出版社,2020:373.

主、专兼结合、数量充足、素质优良的思政课教师队伍"[1]，并在不同场合提出"四个引路人""四有好老师""三个牢固树立""六要"和"八个统一"等具体要求，成为评价考核思政课教师的重要标准。

(二)高校思政课建设取得突破性进展

高校思政课建设标准进一步规范。党的十八大以来，教育部先后两次对《高等学校思想政治理论课建设标准》进行修订，新版标准完整、准确地体现了以习近平同志为核心的党中央关于思政课的有关要求，在规范组织管理模式、教学管理方式、师资队伍建设、学科建设等方面做出了详细的规约，并就学校党委、行政、职能处室、学院的工作任务进行了具体部署，同时也为思政课建设提供了具体指导。

马克思主义学院建设突飞猛进。从 2016 年至 2021 年，高校马克思主义学院由 450 余家发展到 1 400 余家，其中中宣部、教育部遴选并重点建设了 37 家全国重点马院，教育部支持建设了 200 余家示范马院和优秀教学科研团队。[2] 马克思主义学院发挥着高校马克思主义话语传播的主阵地作用。

思想政治教育学科基础不断完善。全国马克思主义理论一级学科博士点，从 2016 年的 39 个到 2021 年年底发展至 104 个，一级硕士点由 129 个增加到 279 个，学位点数量位居各学科前列；[3] 同时学科发展成熟度提升，马克思主义理论学科发展势头强劲，国家级项目获批数量增多，国家级人才培养基地建设如火如荼。

高校思政课教师队伍数量、质量双向提升。截至 2021 年 9 月，全国高校专兼职辅导员共有 21.87 万人，比 2017 年增加了 7 万人，师生比达到 1∶171[4]；同时各高校按照国家有关思政课师生 1∶350 的比例要求配齐专职思政课教师，专职思政课教师队伍迅速扩大。一方面，队伍数量充沛；另一方

---

[1] 习近平. 论党的宣传思想工作[M]. 北京：中央文献出版社，2020：388.

[2] 中华人民共和国教育部政府门户网站."介绍 5 年来贯彻落实全国高校思政会精神工作进展成效"[EB/OL]. (2021-12-07)[2023-01-15]. http://www.moe.gov.cn/fbh/live/2021/53878/

[3] 中华人民共和国教育部政府门户网站."介绍 5 年来贯彻落实全国高校思政会精神工作进展成效"[EB/OL]. (2021-12-07)[2023-01-15]. http://www.moe.gov.cn/fbh/live/2021/53878/

[4] 中华人民共和国教育部政府门户网站."介绍 5 年来贯彻落实全国高校思政会精神工作进展成效"[EB/OL]. (2021-12-07)[2023-01-15]. http://www.moe.gov.cn/fbh/live/2021/53878/

面，培养培训系统日益完善。高校制定推行"部、省、校"三级培训研修体系、"不合格思政教师退出机制""高校思想政治理论课教师在职攻读博士学位专项计划"等，持续加强思政课教师在职培训力度，同时通过思政课教师年度人物评选、发放思政课教师岗位津贴等举措，有效激发思政课教师队伍的积极性。据统计，从 2016 年至 2021 年教育部层面每年线上培训 7 万余人、线下培训 5 000 余人；5 年共遴选产生 30 名最美高校辅导员和 70 名高校辅导员年度人物。[1]

高校思政课教师后备力量充足。2018 年起教育部开始实施"高校思政课教师后备人才培养专项支持计划"，诸多高校的马克思主义理论学科硕士学位点、博士学位点数量都有较大规模的增加；一些高校还尝试开展了马克思主义理论"本硕博一体化"人才培养模式，至 2021 年年底累计增加近 9 000 个博硕士招生指标。总的来看，党的十八大以来受国家对思政课高度重视的影响和政策方面的指导，大量人才向思政学科倾斜，为思政学科的未来发展储备了一批优秀人才。

高校思政课改革集体行动、亮点纷呈。2019 年起我国实施"一省一策思政课"集体行动，各省高校积极响应，根据自身教学特色和地区优势打造了一批省级品牌工作项目。其中，湖南、四川、黑龙江、陕西、内蒙古、云南等地区把"一省一策"项目与课堂教学、教师素质提升紧密结合，取得了优异的成绩。各高校也都积极探索并形成了一批可转化、可推广的实践经验，培育建设思想政治工作精品项目 400 个。[2]

网络思政迅速崛起，双线教学形式新颖、成效显著。在新冠病毒感染疫情影响下，各高校纷纷搭建"云课堂"以达成"停课不停学"的教学目标。虽是应急之举却快速推动了教育的智能化和网络化发展。各种网络公开课等教学资源得到最大限度的发挥，各种教学 App 软件和网上直播软件花样翻新。借助 MOOC、雨课堂、智慧树、腾讯课堂、钉钉等新媒体平台开设的系列"微

---

[1] 中华人民共和国教育部政府门户网站."介绍 5 年来贯彻落实全国高校思政会精神工作进展成效"[EB/OL].（2021-12-07）[2023-01-15].http：//www.moe.gov.cn/fbh/live/2021/53878/

[2] 中华人民共和国教育部政府门户网站."介绍 5 年来贯彻落实全国高校思政会精神工作进展成效"[EB/OL].（2021-12-07）[2023-01-15].http：//www.moe.gov.cn/fbh/live/2021/53878/

课程""微讲座""直播课"等，实现了与传统课堂教学的有机结合，把思想政治教育话语"云"传输给学生。虽然各高校的网络授课在使用初期不同程度地出现了网络拥堵、频繁掉线、视频扬声器临时故障等问题，但历经一段时间的使用和调试，现在诸多师生对各种网络教学设备的使用，对网络直播课程、视频课程的录制都已驾轻就熟。对高校思政课而言，推进了其教学载体和形式的多元化以及思政课教学与新媒体技术的融合。

概览之，新时代高校思想政治工作在稳步前进中力臻改革创新，成果颇丰、成效显著。根据教育部相关统计，约99.4%的学生认为"中国共产党具有无比坚强的领导力，是中国人民最可靠的主心骨"。[①] 学生政治认同的增强，是思想政治教育工作实效性的最好明证，也激励着思想政治教育工作进一步提质增效。

(三)高校思政课教学语言艺术的有益探索和任重道远

新时代，随着高校思政课受到前所未有的重视，高校思政课建设赓续完善，高校思政课教学语言问题也愈发受到关注，如何通过教学语言的艺术化表达提升课堂教学实效成为亟待解决的问题。习近平总书记针对党的新闻宣传和舆论工作指出，要切实转变文风，少一些结论和概念，多一些事实和分析，少一些空泛说教，多一些真情实感，少一些抽象道理，多一些鲜活事例。[②]同时又专门针对思政课教学，提出"推动思想政治理论课改革创新，不断增强思政课的思想性、理论性和亲和力、针对性"[③]；"要用好课堂教学这个主渠道，思想政治理论课要坚持在改进中加强，提升思想政治教育亲和力和针对性，满足学生成长发展需求和期待"[④]；"上思政课不能拿着文件宣读，没有生命、干巴巴的"[⑤]。2018年，教育部《关于印发〈新时代高校思想政治理论课教学工作基本要求〉的通知》也明确指出："坚持增强获得感，促进思想政

[①] 中华人民共和国教育部政府门户网站."介绍5年来贯彻落实全国高校思政会精神工作进展成效"[EB/OL]. (2021-12-07)[2023-01-15]. http://www.moe.gov.cn/fbh/live/2021/53878/

[②] 文风改进永远在路上[N]. 人民日报, 2016-11-08(1).

[③] 习近平. 论党的宣传思想工作[M]. 北京：中央文献出版社, 2020：382.

[④] 习近平. 习近平谈治国理政(第二卷)[M]. 北京：外文出版社, 2017：378.

[⑤] "'大思政课'我们要善用之"(微镜头·习近平总书记两会"下团组"·两会现场观察)[N]. 人民日报, 2021-03-07.

治理论课教学有虚有实、有棱有角、有情有义、有滋有味。"①伴随着国家层面的重视以及思政课教师综合素养和教学能力的提升,越来越多的思政课教师也将教学语言能力的塑造和提升作为个人教学能力修炼的重要方面。

纵览高校思想政治理论课的发展历程,不同历史时期具有不同的内容和特点。高校思政课教学语言在承继以往教学语言特色的基础上彰显出顺应时代发展的新特点。

首先,高校思政课教学语言的时代感彰显。"国内外形势、党和国家工作任务发展变化较快,思政课教学内容要跟上时代,只有不断备课、常讲常新才能取得较好教学效果"②。为提升思政课的质量,广大思政课教师紧盯时代变化,认真研读党和国家的方针政策和领导人的最新讲话、指示批示,不断丰富课堂内容,用新时代素材讲解新时代变化,用新时代语言培育时代新人。

其次,高校思政课教学语言表达愈发贴近学生实际。党的十八大以后,越来越多80后、90后加入思政课教师队伍中来。他们的生活经历与在校大学生相近,更了解学生的所思所想,更清楚学生的兴趣话题、日常爱好,更善于用学生易于接受的语言教育引导学生。经过这部分老师的影响和带动,新时代思政课教学语言较以往更贴近学生实际。

最后,高校思政课教学语言的个性化色彩逐渐显现。新时代以来涌现出不少"网红"思政课教师,例如党的二十大代表中用"小感动"激发社会"大能量"的郑州大学思政课教师周荣方;党的十九大代表,被学生评价"他的党课讲得比段子更吸引人"的南京航空航天大学思政课教师徐川;深受北大学子推崇的北京大学思政课教师张会峰;连续三十年开展"丙辉漫谈"近400期的安徽师范大学思政课教师路丙辉……这些老师的教学语言,或诙谐幽默、或逻辑清晰、或慷慨激昂、或温暖平实、或生动有趣、或理论深刻……具有鲜明的个人色彩。

新时代在提升高校思政课教学语言艺术方面部分高校和思政课教师展开

---

① 教育部关于印发《新时代高校思想政治理论课教学工作基本要求》的通知[EB/OL].(2018-04-13)[2023-01-15]. http://www.moe.gov.cn/srcsite/A13/moe_772/201804/t20180424_334099.html.

② 习近平. 论党的宣传思想工作[M]. 北京:中央文献出版社,2020:378-379.

了些许有意识的尝试和探索。例如，北京大学推出对话类思政课——"思政热点面对面"，通过师生对话、讨论的方式展开交流。探讨主题会提前在全校征集，根据关注度进行筛选，从而让思政课话语真正做到有的放矢。对话探讨中教师力求用生活化的语言表达厚重的思想，参与录制的同学纷纷表示"把抽象的理论从书本中拽了出来，融入了现实中"，切实解答了他们在实际生活中遇到的思想难题，打破了他们对思政课枯燥无趣的传统印象。① 清华大学张瑜老师设置了小班制课堂探讨的环节。课堂上30多名学生围绕"互联网时代的爱国主义"这一主题展开论证和辨析，只有在讨论陷入胶着时，任课老师和助教才会适时点拨。这种对话式的教学语言表达方式实现了师生互动、生生互动的"点对点"的沟通交流，极大激发了学子们在课堂上的话语热情，成为清华学子心中比慕课"更有魅力"的教学环节。② 北京体育大学与中国教育电视台联合制作了《冠军说》线上思政课，由奥运冠军现身说法，辅以青年思政课教师的精彩解读，让党的二十大精神的学习宣传更具感召力和亲和力，产生了"1+1＞2"的话语传递效果。③ 华北电力大学思政课教师孙芳与学生一起走进食堂，边吃午餐边开沙龙探讨理想、信仰、责任、幸福、爱情等同学们感兴趣的话题，此活动被同学们亲切地称为"充满人情味的芳姐的午餐会"；同时孙老师还率先借助课堂派软件，通过弹幕、点赞、置顶等网络对话方式实现了课堂的全员互动。在孙老师看来，讲解思政课"并不需要费尽口舌讲高深的大道理，教师只需通过课堂内容循循善诱，学生自己就会自然而然地悟出来"。④ 北京师范大学拓展了课堂教学话语的传递渠道，打造了"木铎思享"

---

① 北京大学马克思主义学院新闻中心. 让思政课更"接地气"——北大推出对话类思政课视频节目"思政热点面对面"[EB/OL].（2019-03-24）[2023-01-15]. https://news.pku.edu.cn/xwzh/80f1b5da8e4a4a2fb8c9ce332cc7394d.htm.

② 邓晖. 思政课也能如此火爆——清华大学以混合式教学模式推动思政课改革创新[EB/OL].（2016-12-15）[2023-01-15]. https://epaper.gmw.cn/gmrb/html/2016-12/15/nw.D110000gmrb_20161215_7-01.htm?div=-1.

③ 北京体育大学党委宣传部(新闻中心). 我校"打造《冠军说》特色思政课"获评北京教育系统学习宣传贯彻党的二十大精神创新案例[EB/OL].（2023-03-31）[2023-04-15]. https://www.bsu.edu.cn/xyyw/571f9806cdda49f09034ffdbb2689a51.htm.

④ 朱慧花(本报记者), 等. 打造最适合学生的思政课——华北电力大学教师创新教学方式推动思政课深入学生内心[EB/OL].（2019-5-4）[2023-01-15]. https://xxh.resource.edu.cn/news/619.html.

的微信公众号，学生们可以针对课堂上的教学内容在公众号中发起提问，经助教老师在线后台处理后，思政课教师或当堂或课后给予回应，同时公众号同步推送。思政课教师还尝试开展"图说"教材的工作，"站在学生的视角，汲取学生话语中的有益因素，以图文方式对'思修课'教材进行改编，并推送至微信平台"；诸多同学表示"这里没有晦涩难懂的理论，没有乏味冗长的说教，徜徉在这里，总是给人一种如沐春风的感觉"。①

虽然在新时代思政课改革创新过程中对教学语言艺术开展了些许有益探索，但这些尝试性探索仅局限于个别高校、个别教师，只能算作在高校思政课教学语言艺术方面的零星探索，而非思政课教师整体的话语自觉。总的来看，对思政课教学语言艺术的关注程度仍不足够，对提升教学语言艺术水平的实践探索仍有极大空间，教学语言艺术构建的任务仍任重道远。

---

① 靳晓燕(光明日报记者)．"木铎思享"，陪伴青春上路——北京师范大学融合社交媒体创新思政课教学模式纪实．[EB/OL]．(2018-01-15)[2023-01-15]．https：//news. gmw. cn/2018－01/15/content＿27347845. htm.

第三章 高校思想政治理论课教学语言艺术的现状调研和问题分析

揆诸现实，虽然高校思政课教学语言在新时代受到了一定程度的关注，部分高校也开展了提升思政课教学语言艺术水平的有益尝试，但总体而言，高校思政课教学语言吸引力不足、教学语言艺术匮乏的问题仍旧凸显，甚至因高校思政课教学语言严肃有余而生动不足等特点而在受教育者心中形塑了思政课生硬、抽象、晦涩、无趣的刻板印象。思政课在大学生群体中的"冷遇"反过来又消解了思政课教学主体的话语热情，引致教育者与受教育者之间陷入难以话语通达和精神贯通的恶性循环，加深和固化着彼此间的话语隔阂和话语鸿沟。因此，对高校思想政治理论课教学语言艺术的现状亟待展开细致调研，应深入剖析问题所在，从而为提升教学语言艺术水平做好准备工作。

一、高校思政课教学语言艺术的调研设计

调研方法主要采取问卷调查法和访谈法；调研对象分为大学生和高校思政课教师两个群体；访谈对象主要为一线的高校思政课教师。

对大学生的调研主要通过网络调查问卷的方式展开，结合部分高校的思政课堂现场观测；对高校思政课教师的调研除了通过网络调查问卷展开外，还通过实地访谈的形式，与部分一线高校思政课教师进行深入交流。在遴选高校思政课教师时，尽量选取不同地区、不同类型、不同层次高校的思政课教师；再结合教学年限和相关思想政治教育工作经验，选取高校青年思政课教师代表、高校思政课教学名师代表以及有辅导员经历和中学思政课教学经历的高校思政课教师代表。

（一）网络调查问卷设计

本次调研的目标是：摸清当前高校思政课教学语言艺术运用的总体现状，具体涉及高校思政课教师在课堂上开展教学常用的语言表达风格有哪些；高校思政课教师教学语言的鲜明特点有哪些；高校思政课教师教学语言表达的艺术能力和水平如何；高校思政课教师教学语言表达存在的不足和问题所在；全媒体格局下话语传播革命给高校思政课教学语言带来的冲击和挑战有哪些；师生对高校思政课教学语言的印象和评价。通过调研，掌握当前高校思政课教学语言的表达现状，发掘高校思政课教学语言表达存在的突出问题，进而分析问题缘由和可能产生的影响，从而选取突出问题并提出合理的解决方案，为高校思政课教学语言艺术水平的提升和高校思政课教学实效性的提高提供思路借鉴。

调查问卷尝试从高校思政课教学语言表达风格、教学语言表达技巧、教学语言表达氛围、教学语言表达载体等几个语言表达艺术的重点方面展开设计。调查问卷分别设计了针对高校思政课教师和大学生的不同版本，即《高校思政课教学语言艺术调查问卷》（学生版）和《高校思政课教学语言艺术调查问卷》（教师版）（调查问卷见附录）。学生版问卷共计32道题目，其中27道单选、4道多选、1道开放性题目；教师版问卷共计28道题目，其中25道单选、2道多选、1道开放性题目。通过教师和学生的不同视角，可以更加全面、客观地把握高校思政课教学语言的艺术化运用现状和师生对思政课教师语言表达的满意程度。

调查问卷的发放以网络推送形式为主。网络问卷主要利用问卷星于网络平台推送。为确保问卷的覆盖面和代表性，提高调查结果的准确性和可靠性，教师版问卷尽量推送给不同教龄、不同职称的高校思政课教师，同时特委托部分高校思政课教师将学生版问卷尽量推送给不同年级、不同学科专业的同学。因为高校思政课的开设覆盖大一到大四四个年级，不同的年级开设的课程不同，因而为更加全面、客观地把握高校思政课教学语言的艺术化运用现状和大学生对思政课教师语言表达的满意程度，尽量确保每个年级都有一定数量的同学参与问卷调查。

调查问卷于2023年6月截止，总计收到问卷4 535份，有效问卷4 333

份，有效回收率为 95%。有效问卷中学生版问卷 4 012 份，教师版问卷 321 份，有效样本基本情况如下。

学生版问卷：

按年级分，大一学生 1 164 份，占比约 29%；大二学生 1 123 份，占比约 28%；大三学生 1 043 份，占比约 26%；大四学生 682 份，占比约 17%。

按性别分，男生 1 897 份，占比约 47%；女生 2 115 份，占比约 53%。

教师版问卷：

按年龄分，年龄在 50 岁至 60 岁的教师 51 份，占比约 16%；年龄在 40 岁至 49 岁的教师 106 份，占比约 33%；年龄在 30 岁到 39 岁的教师 119 份，占比约 37%；年龄在 30 岁以下的教师 45 份，占比约 14%。

按教龄分，教龄 20 年以上的教师 35 份，占比约 11%；教龄 10 年至 19 年的教师 152 份，占比约 47%；教龄 5 年至 9 年的教师 99 份，占比约 31%；教龄 5 年以下的教师 35 份，占比约 11%。

按职称分，教授 37 份，占比约 12%；副教授 158 份，占比约 49%；讲师 101 份，占比约 31%；助教 25 份，占比约 8%。

总体来看，学生的年级分布、男女分布较为均衡；教师的年龄、教龄、职称分布呈现中间大、两头小的特点，即多数受访教师集中在 30 岁至 49 岁之间，教龄集中在 5 年至 19 年，职称集中在副教授和讲师。

(二) 实地调研和访谈实录

遴选了几所高校的思政课课堂开展实地走访，对课堂教学情况和教师教学语言艺术的运用情况进行了现场观察和记录。为尽量减少调研对象因地域、学科背景、学校层次等方面产生的差异，遴选学校时覆盖东北地区、西南地区、东部沿海地区，学校所属类别覆盖师范类、综合类、工科类、建筑类等，既有"双一流"高校，也有省属重点院校和普通二本院校。通过走访不同地区的几个高校思政课课堂，观察不同高校思政课教师驾驭语言的能力及其课堂效果，获取第一手真实有效的信息。

主要对吉林××大学、吉林××学院、江苏××学院、西南××大学等高校思政课堂进行现场观测。总体来看：首先，就学生状态而言，课堂抬头率、积极性普遍不高。除了前几排学生和其他排个别学生认真听课外，不少同学各顾各地做着自己的事情。在思政课堂上睡觉、吃零食、打游戏、刷抖音、微信聊天、学习其他课程、写党员汇报材料、准备考研的学生皆有之。甚至个别学生俨然已将思政课作为其完成其他学习生活任务的"固定"课堂。其次,就教师状态而言,教师们教学状态总体良好、教学情绪饱满、教学风格各异,但教学语言表达能力参差不齐,部分教师存在照本宣科、教学语言吸引力匮乏的问题。因走访课堂数量有限,只能大概掌握思政课堂的情况,加之调查问卷的数据信息和实地访谈信息,希望能对当前高校思政课教学语言表达的现状有大致掌握。

在实地走访过程中对几位高校一线思政课教师进行了有针对性的访谈。通过面对面的交流,进一步掌握了该校思政课堂的相关情况,特别是学生的听课效果和教师教学语言的传达情况,并听取了一线思政课教师对教学语言艺术水平提升的想法和建议。截取几位思政课教师访谈的部分内容如下。

第一位接受访谈的高校思政课教师为吉林××大学周老师。周老师是从辅导员岗位走上思政课教师岗位的青年教师,从事大学辅导员工作5年,从事思政课教学时间1年。通过实地课堂调研发现,其课堂语言表达的显著特点为:与学生的语言互动较多,从言语中能透露出对学生成长成才和日常生活的关注和关心,对学生的语言期待点捕捉较为准确,但语言深度不够、说理不够透彻。

问:周老师您好,您在从事思政课教学之前从事的是辅导员工作,您觉得这对思政课教学有什么帮助?

答:在从事思政课教学之前,我曾做过五年的辅导员工作。辅导员工作就是做好服务和管理学生的工作,与学生的接触较多。应当说经过五年的辅导员工作我对学生的所思所想有相对清晰的认识和比较准确的把握,这对在课堂上捕捉学生的思想情绪变化、与学生沟通交流、教育引导学生都有挺大的帮助,我也愿意在课堂上多跟学生交流对话。

不过由于在辅导员工作期间走上讲台讲课的机会不是很多,因此刚开始讲课时我是很紧张的,语言节奏把握得不是很好,尤其是语速较快,语言深度和启发性也不足。老教师们建议我在加强理论学习的同时,先把语速调整好,多使用互动性语言,把控好课堂的语言节奏。由于做辅导员时常与学生谈心谈话，所以在课堂上互动起来比较顺畅，通过互动性的教学语言也使我进一步树立了教学自信。

第二位接受访谈的高校思政课教师为吉林××学院高老师。高老师曾做过 5 年的中学思政课教师。通过实地课堂调研发现，其课堂语言表达的显著特点为：表达条理清晰、重难点突出，但文本型话语多、启发性话语较少，语言略显生硬和枯燥。

问：高老师您好，您有过 5 年中学思政课教师的经验，您觉得在教学语言方面，面对中学生和大学生有什么不同？

答：我 2013 年研究生毕业到黑龙江一所中学参加工作，工作 4 年后又开始从事大学的思政课工作。在中学工作时对教学语言表达并不十分重视，真实地讲，中学的思政课教学由于有升学压力，更重视对知识点、考点的灌输，时间长了就产生了一定的填鸭式、训导式的课堂教学语言习惯。

2018 年我开始讲授高校思政课，坦率地讲，刚开始的时候是有一些压力的，会担心自身的知识储备不够、理论深度不够、教学经验不足，因此在教学工作中，在备好课的基础上，对自身的教姿教态和教学语言比较重视，也请教了一些老教师。一方面，课堂上格外注意对教学语言的运用，尝试运用启发式、讨论式的教学语言调动学生课堂学习的积极性，提升教学效果。另一方面，由于自身知识储备不够，对知识点的讲解还不够深入透彻，加上多年中学教学语言习惯的影响，在教学语言表达方面确实还会有些生硬。

第三位接受采访的高校思政课教师为江苏××学院张老师。张老师硕士毕业后从事过两年辅导员工作，后攻读博士学位，博士毕业后从事高校思政课教学工作，至今已在思政课教师岗位上工作近十年，在省、部级高校思政课教学比赛中多次获奖。通过实地课堂调研发现，其课堂语言表达的显著特点为：教学语言的个人特色鲜明，言语中引经据典、表达流畅且富有激情，语言表达略带演讲风格。

问：张老师您好，您是思政课教学名师，多次在省、部级讲课比赛中获奖。您能谈谈在您的思政课教学中是如何修炼教学语言的吗？

答：我想我的教学语言来自我对思政课教学的热爱。一站上三尺讲台我就感觉自信满满，充满了激情和活力，思维也活跃、语言表达也顺畅。您让我谈在思政课教学中如何修炼教学语言,我想从两个方面来谈。一方面是无声语言,主要是着装要得体,每次上课前我都要选择合适的穿搭。还有就是要善于运用肢体语言,通过动作、手势等增强语言的感染力。另一方面就是让有声语言充满魅力,语调要高亢有力、抑扬顿挫,讲解要引经据典、生动有趣,同时也要注重跟学生的互动,多提问多对话。

第四位接受采访的高校思政课教师为西南××大学袁老师。袁老师硕士、博士专业皆为马克思主义哲学,有比较深厚的理论功底。通过实地课堂调研发现,其课堂语言表达的显著特点为:教学语言说理性、学理性较强,但存在着语言表达抽象深奥、话语犀利的问题。

问:袁老师您好,您的思政课堂氛围很好,受到很多学生的喜欢,语言表达个性鲜明,讲理、说理都很透彻。您对思政课教学语言是如何认识的?您认为您的教学语言有哪些特点?

答:语言是思维的表达、是思想的转化。在思政课堂上,思想的阐释、观点的解释、问题的诠释都需要通过语言来完成。在这种程度上来说,每一名思政课教师都应该提升自身的语言表达能力。

实际上,我从事思政课教学的时间并不是很长,在备课、讲课过程中并没有专门思考过教学语言方面的问题。关于我个人教学语言的特点可能和我的哲学专业背景有关,我比较习惯在课堂上讲一些理论性、学术性强的语言,想让学生感受到思政课的学理魅力。在实际的教学中我发现,对马克思主义理论学科的大学生而言,理论性、学术性强的语言比较吸引学生的注意力,能启发他们思考;而对非马克思主义理论学科的大部分大学生而言,理论性、学术性强的语言可能会因为有些抽象晦涩而在一定程度上消解他们学习的积极性。下一步我会对自己的教学语言风格和教学语言内容进行适当调整,针对不同专业的学生尽量做到"具体问题具体分析"。

(三)调研结果概述

根据《高校思政课教学语言艺术调研问卷》(学生版)的结果,显示内容如下。

首先,总体来看高校思政课的吸引力还有较大提升空间。例如,仅有约8%的大学生在题目"您是否对思政课感兴趣"中选择了"非常感兴趣";约

15%的大学生选择了"比较感兴趣";约22%的大学生选择了"一般感兴趣";而选择"无所谓"和"不感兴趣"的大学生占比分别为25%和24%;还有约6%的大学生选择了"讨厌"。总的来看,"感兴趣"的总占比仅为45%,还未到半数。在选择题"您认为多少同学和您对待思政课的兴趣一致或类似"中,绝大部分同学认为自己对思政课的兴趣与大部分同学对待思政课的态度一致。其中有约62%的大学生选择了"大部分和我一样(百分之八十以上)";约22%的大学生选择了"相当一部分和我一样(百分之五十左右)"。足见,在大学生群体中,思政课算不上吸引力很强、特别让人感兴趣的课程。仅有约8%的大学生在题目"您学习思政课的主要动因是什么"中选择了"思政课是一门有意义且有意思的课程";仅有约6%的大学生选择了"思政课教师的个人魅力,喜欢思政课老师";而选择"思政课的学分高,影响奖学金和升学就业"的大学生占了23%;选择"思政课是必修课,不学习就很难毕业"的大学生占比最高,略超半数。在选择题"您认为思政课使您有收获吗"中,虽然有超半数的大学生认为学习思政课"收获非常大"和"收获比较大",但仍有35%的大学生选择了"收获一般",甚至有约8%的大学生选择了"没有收获"。

其次,大学生对思政课教师及其教学语言表达的满意度还有较大的提升空间。例如,在选择题"您知道您的思政课老师的姓名吗"中,超80%的同学表示"忘记了""只知道姓氏,不知道名字"或"只记住个别老师"。在选择题"您给思政课教师打多少分"中,绝大多数大学生给予了"90分非常好"和"80分好"的评价;但在选择题"您的思政课教师的语言吸引力怎么样"中,仅有约5%的大学生选择了"吸引力非常大";约8%的大学生选择了"吸引力比较大";其余同学均选择了"吸引力一般""吸引力很小"或"没有吸引力"。在选择题"您给思政课教师的课堂教学语言打多少分"中,学生们的评分也普遍不高,仅有约7%的大学生选择了"90分非常好";约25%的大学生选择了"80分好";而选择了"70分一般"的占比最高,约42%;还有约24%的大学生打出了"60分及格"的分数;甚至有2%的大学生选择了"60分以下不及格"。在选择题"您认为您的思政课老师应该在哪些方面提升(多选)"中,选择"语言表达方面"的占比也最高,约为72%。

最后,思政课教学语言传递的实效性还有较大的提升空间。例如,在选择题"上思政课时,您的课堂状态是"中,有约 4%的大学生选择了"从不听讲";约 7%的大学生选择了"偶尔听讲,看兴趣和心情";选择"大多数时间在听讲"的大学生占比最高,约为 42%;仅有约 15%的大学生选择了"整堂课都在认真听讲";而选择"大约听一半,做其他事情一半"多达 32%。足见,能做到整堂课集中注意力、认真听讲的大学生占比并不高,且绝大部分同学认为自己的听课状态能代表大部分同学的听课状态。在选择题"您认为有多少同学和您上思政课时状态一致或类似"中,多达 64%的大学生选择了"大部分和我一样(百分之八十以上)";约 21%的大学生选择了"相当一部分和我一样(百分之五十左右)"。此外,通过调研还窥见,思政课堂的抬头率不高,大学生对思政课课堂氛围的满意度也不高,这些都直接影响着教学语言的传递实效。例如,在选择题"您所在班级的思政课抬头率怎么样"中,约半数的大学生选择了"一般"和"不高";在选择题"您所在班级的思政课堂氛围如何"中,约半数的大学生选择了"一般"和"不好"。

根据《高校思政课教学语言艺术调研问卷》(教师版)的结果,显示内容如下。

首先,多数高校思政课教师都十分热爱思政课教师这一职业,热爱思政课教学,并较为注重自身理论素养和教学能力的提升。例如,在选择题"您最初选择思政课教师这一职业的原因(多选)"中,"热爱思政课教学"和"喜欢钻研马克思主义理论"的比例最高,分别为 82%和 71%。在选择题"您是否喜欢思政课教师这一职业"中,超半数的教师选择了"非常喜欢";约 31%的教师选择了"比较喜欢";约 15%的教师选择了"一般喜欢";只有约 2%的教师选择了"不喜欢"。在选择题"是否注重自身马克思主义理论素养的积累学习"中,超半数选择了"非常注重";选择"非常注重""较为注重"和"一般注重"的教师总占比超 90%。

其次,大部分思政课教师都认同教学语言在教学过程中的重要性,同时认为自身对教学语言艺术的重视不足,在教学语言艺术方面还有较大的提升空间。例如,在选择题"您认为对一名思政课教师来讲,教学语言表达的艺术重要吗"中,约 33%的教师选择了"非常重要";约 36%的教师选择了"较为重要";约 25%的教师选择了"一般重要";仅有约 6%的教师选择了"不重要"。

在选择题"您认为自身的教学语言表达水平如何"中，仅有约2%的教师选择了"非常高"；仅有约9%的教师选择了"比较高"；而绝大部分约84%的教师认为自身的教学语言表达水平"一般"；还有约5%的教师选择了"比较差"。在选择题"您是否有意识地注重和提升教学语言表达的艺术水平"中，仅有约3%的教师选择了"非常注重"；约12%的教师选择了"较为注重"；约16%的教师选择了"一般注重"；而超半数约58%的教师选择了"不太注重"；还有部分教师认为自己"从未注重、未注意"，约为11%。

最后，大部分教师认为当前高校在思政课教学语言艺术方面的重视程度不足，并结合自身教学实践提出了诸多宝贵意见。在选择题"您认为当前高校对思政课教学语言艺术的重视程度如何"中，仅有约2%的教师选择了"非常注重"和约5%的教师选择了"较为注重"，而选择"一般"和"不注重"的教师占比高达93%。在选择题"您认为当下思政课教学过程中语言艺术不足的主要原因是"中，"上级部门要求少""教师个人努力少""学生不太关注""思政课性质原因""其他原因"几个选项的占比基本均衡。在开放性问题"您对今后提升思政课教学语言艺术水平有哪些建议？请简要概括"中，诸多教师表达了学校应加强重视、提供指导等方面的诉求和意见。

综上，根据对调研数据的综合分析并结合实地调研和访谈，可窥见：虽然当前高校思政课课堂教学改革不断推进，大学生对思政课的满意度也有所提升，但教师对教学语言表达艺术的重视度还远远不够，教学语言吸引力不足、语言引导痕迹生硬等现象仍较为突出，教学语言的艺术化表达总体水平和能力不高，教学话语仍属教学改革的薄弱和短板，提升空间很大。高校思政课教学话语艺术不足长期以来影响思政课教学实效性的提升，已成为阻滞思政课教学改革步履的显性存在。同时，在新时代背景下随着话语传播媒介和格局的变革，高校思政课教学及其语言表达也直面更多新情况、新问题、新挑战。虽然问题突出、挑战较多、难度较大，但无论教师还是大学生对改进思政课教学语言都怀有不少期待，也给出诸多建设性意见。

二、高校思政课教学语言艺术不足的具体表现

根据调查问卷和实地课堂走访发现，语言表达模式的窠臼，语言表达风

格的单一，语言表达的教条化，语言主客体关系的偏颇，语言语境营造得不到位，语言表达技巧的缺失等方面都是语言艺术不足的表现。具体而言，"满堂灌""一言堂"语言表达风格和模式仍较为常见；从概念到概念的文本话语过繁过频；语言主客体划分泾渭分明；语言语境严肃严谨有余、共鸣共情不足；语言表达技巧运用单一。

(一)语言风格："满堂灌""一言堂"较为常见

根据《高校思政课教学语言艺术调研问卷》的结果，再结合实地调研不难发现，"满堂灌""一言堂"的说教式、训导式、命令式、控制式语言表达风格在高校思政课教学实践中仍较为常见，抑或说仍是当前诸多高校思政课教学语言的主流表达风格，且部分高校思政课教师早已习惯、依仗抑或说拘囿于此种语言表达风格，转变起来有一定难度。例如，在《高校思政课教学语言艺术调研问卷》(学生版)的选择题"您认为给您上过思政课的老师，哪种风格的居多"中，虽然有约27%的大学生选择了"理论水平较高，讲解深入浅出"，约8%的大学生选择了"讲解生动，课堂活跃，与学生互动较多"；但有相当比重的大学生选择了"照本宣科，中规中矩"，约为45%，占比最高。同时还有约15%的大学生选择了"理论水平较高，但讲解深奥难懂"；约5%的大学生选择了"内容宽泛，有很多教材没有的知识、故事"。在选择题"您是否喜欢思政课教师的语言表达风格"中，仅有约7%的大学生选择了"非常喜欢"；选择"比较喜欢"的占比也不高，约28%；43%的大学生表示了"无所谓"的态度；还有约15%的大学生明确表示了"不喜欢"；甚至还有约7%的少数大学生选择了"比较讨厌"和"非常讨厌"。

"满堂灌""一言堂"的语言表达风格是思政课教学语言表达的传统风格，此种语言表达风格具有一定的话语传达优势，其存在和普及也具有一定的历史合理性。维护阶级统治、国家稳定、社会和谐，传达国家主流意识形态是思想政治教育的责任使命和思政课的"本职"。思政课此种"满堂灌""一言堂"的填鸭式教学方式和语言表达风格的合法性和合理性是由思想政治教育的阶级属性和政治属性所决定的，特别是在讲解一些关系国家根本利益、带有根本性原则性的政策规定、思想原则和道德标准时，语言的权威性、强制性和"我讲你听，我说你记"的灌输式说教是必需且必要的。"满堂灌""一言堂"的语言表达风格对大学生短时期间内掌握马克思主义相关知识,及时了解党和国家的政策方针,形塑党和国家的正面形象,发挥意识形态宣传功效大有裨益;同时也有助于树立思政教育者的话语权,能极大地维护教育者的话语权威地位。在这个意义上,"依然要重视既有的科学灌输、道德劝诫等特定表达形式的关键意义"[①]。

"满堂灌""一言堂"的语言表达风格是一种控制式、规训式色彩浓郁的语言风格。背后的依仗力量是教师的绝对话语权威,是在受教育者话语权和话语自由受到一定程度压制的前提下展开的。此种压制不仅使思政课原本丰厚的话语资源因言语方式和风格的强制性而丧失了一定的语言趣味性和吸引力,而且其话语训导下教育对象的思想意识、态度立场和行为方式的"趋同化"倾向明显而个性特质难以形塑。其实质上是一种自上而下的垂直式、直线式、单向式的传统"授—受"模式,其说教性、训导性、命令性、控制性特征鲜明。

问题在于,此种"满堂灌""一言堂"的思政课教学语言风格在不断变化发展的时代背景下难以跟随大学生思想的变动性和多样性发展,表现出对大学生日益觉醒的主体意识的诸多"不适应"。此种教学语言风格长时期固化了教育者与受教育者之间的主客体关系,也在一定程度上漠视了受教育者在话语传播中的感受性和期待值,给大学生一定的强制感和压抑感,在一定程度上影响了师生之间的话语畅通,甚至易将双向的思想对话过程异化为教育者单向的"话语独白"。抑或说,只靠话语灌输而非话语的艺术魅力来实现透彻说理和传情达意的言说方式易使教师在不自知中陷入曲高和寡的"独白式"授课。其结果往往是教育者"津津有味""诲人不倦",而受教育者"充耳不闻""昏昏欲睡"。在革命的特殊历史时期和社会主义革命和建设的一定阶段,此种传统思政课语言风格发挥了不容忽视的思想引导和人才培育作用。但直面现代化语境,此种强制化、标准化、集约化的语言风格不仅无法适应大学生的话语需求、满足大学生的话语表达欲望和话语期待,也难以适应因网络数字技术持续精进而产生的话语权的多元化和话语传播的多维立体化。诸多的不合时宜

---

① 胡刚. 人工智能与高校思想政治教育话语权建构的融合创新研究[J]. 黑龙江高教研究,2021(12):93.

之处，也将此种传统思政课教学语言表达风格的现代化转型推上了思政课改革创新的风口浪尖。

(二)语言内容：从概念到概念的文本式话语堆叠

根据《高校思政课教学语言艺术调研问卷》(学生版)的结果，再结合实地调研不难发现：就思政课教学语言的现实表达情况而言，热衷于政治理论宣导、政策文件诵读、概念逻辑推演而表现为过多地堆叠教材语言、政治语言、宣传语言、理论语言、政策语言和学术语言的现象不在少数。由于言说时未经二次消化、吸收、转译，而是直接"从范畴到范畴""从文本到本文""从概念到概念"的"书斋式""公式化"复读，致使教学语言的学理性、抽象性、专业性有余，生硬化、教条化、机械化特征凸显，而语言的温度、信度与黏度不足，设计感、针对性、趣味性、吸引力欠缺。例如在《高校思政课教学语言艺术调研问卷》(学生版)的选择题"思政课教师在授课过程中是否大量使用文本话语、政治话语、学术话语"中，8%的大学生选择了"整堂全是文本话语、政治话语、学术话语"；32%的大学生选择了"大量使用文本话语、政治话语、学术话语"；53%的大学生选择了"较多使用文本话语、政治话语、学术话语"；6%的大学生选择了"较少使用文本话语、政治话语、学术话语"；1%的大学生选择了"基本不使用"。在选择题"您认为思政课教师的语言吸引力怎么样"中，仅有约5%的大学生选择了"吸引力非常大"和8%的大学生选择了"吸引力比较大"。

从概念到概念的文本式话语表达实质是一种直接照搬照抄的复制粘贴式文字迁移，其拘泥于政治知识条目的堆砌和社会规范的长篇累牍。"如若现实思想政治教育异化为某种纯粹政治知识条目的堆砌，就很难与人们的日常生活贴近，而这种未有生活世界支撑的思想政治教育恐很难解决人们日常经验中面临的思想困境、道德两难，以及价值导向一元性和个人价值选择多样性等矛盾问题，极易给人某种'假、大、空'的感觉，从而削弱了思想政治教育作用于人的精神世界的内在魅力和对现实问题的良好解释力。"[①]原本政治语

---

① 孟婷."自由个性"思想视域下思想政治教育的终极关怀问题研究[D].长春：东北师范大学，2018：119.

言、理论语言、教材语言就较为抽象，又因对教学内容的照本宣科而徒增了一抹艰涩，加重了思政课语言内容的枯燥感、厚重感、严肃感。"就理论言理论，就文件读文件，脱离了群众的现实诉求和内心期许，成为束之高阁或缺乏温情的艰涩理论。"①对部分马克思主义理论专业或者具备一定学术兴趣和学理根基的大学生而言，较具抽象性、学理性的政治专业话语可能会激发其理论兴趣点，启迪其开展更高和更深层面的延展性思考。而对大部分的大学生而言，抽象的纯政治理论语言的堆砌并不相宜。新时代大学生思想活跃，倾向于诙谐幽默甚至自嘲戏谑等情感色彩饱满的话语表达，若高校思政课教师仍拘泥于对知识进行教条传达而未将诸多"高大上"的教材语言"二次加工"成学生易接受的话，不仅易使语言解释力和接受度不足，且易给大学生留下思政课"沉闷无趣""呆板乏味""故弄玄虚""扑朔迷离""不接地气"等错觉。而且，由于直接照搬照抄教材话语未实现教材话语的转译，也进一步催生了思政课堂教学语言表达"千篇一律"的怪象。长此以往，不仅深化并进一步固化了教育者与受教育者之间的话语鸿沟，使语言传递效果流于形式，产生课堂表面"滔滔不绝""热闹非凡"，实则效果式微、有效性不足的"表里不一"的现象，而且也使得思政课逐渐被标签化，成为教条、生硬、晦涩、抽象的代名词，给大学生留下晦涩难懂、生硬枯燥的刻板印象。可以说，在现代化生活语境下，"生搬硬套、粗糙说理，公式化、概念化的这种单兵突进方式已难敷其用"②。

"强调思政课的政治引导功能，并不是要把课讲成简单的政治宣传，而要以透彻的学理分析回应学生，以彻底的思想理论说服学生，用真理的强大力量引导学生。"③思政课教学内容不是死的教条，而是活的理论。它所包含的马克思主义基本原理、马克思主义中国化理论体系、中华文明的思想道德积淀、中国近现代历史故事、时下国家的政策方针等都是时代精神的精华，是时代文明"活"的灵魂，决定了思政课话语内容的丰富、权威、充实、科学、

---

① 马莹，周月华. 新时代思想政治教育话语生产的价值遵循与模式创新[J]. 中学政治教学参考，2021(12)：69.

② 张志丹. 意识形态功能提升新论[M]. 北京：人民出版社，2017：127.

③ 习近平. 论党的宣传思想工作[M]. 北京：中央文献出版社，2020：383.

固然需要研读研磨、求索思考、赓续充实、反复言说，但并不意味着思政课教师只能言说理性思辨的学术话语、庄重严谨的政策话语和规范权威的政治条目，也并不意味着必须整堂课都"一本正经"地复制教材话法。高校思政课教学语言不能"死气沉沉"，也需要"活起来"。

(三)语言对象：泾渭分明的主客体定位

05后大学生群体具有十分强烈的代际特点，群体性格标识鲜明：自我意识、自我表达欲望以及被尊重、被认可、被接纳的情感和归属需要十分强烈；观察力细致、想象力丰富、创造力惊人；在较为关注自我利益和个人感受的同时，对社会公共事件的敏锐度也较高，政治敏锐性较强；同时因其生长于中华崛起之时，国家认同度、民族认同度较高。而在实际的思想政治教育实践过程中，的确存在对大学生教育主体地位认知不到位和重视程度不足的现象，集中表现在课堂上教师仍占据绝对的话语霸权地位，教师与大学生之间呈现为泾渭分明的绝对主客体关系，而受制于教师话语控制的大学生其话语权利和话语能量无法在课堂上充分释放。根据《高校思政课教学语言艺术调研问卷》(学生版)的结果显示，在选择题"您的思政课堂教师是否与学生开展互动交流"中，仅有8%的大学生选择了"互动频率非常高"和16%的大学生选择了"互动频率比较高"；约42%的大学生选择了"互动频率一般"；选择"互动频率很低"的大学生占比位居第二，约29%；还有约5%的大学生选择了"没有互动"。再根据《高校思政课教学语言艺术调研问卷》(教师版)的结果显示，在选择题"在课堂教学过程中是否给予学生一定的话语权"中，只有6%的教师选择了"给予较大话语权"；23%的教师选择了"给予一定话语权"；超半数约53%的教师选择了"给予少量话语权"；同时约18%的教师承认在课堂教学过程中"基本不给予学生话语权"。教师对学生话语权释放的不到位在一定程度上影响了学生的话语热情。在选择题"您所在的思政课堂，学生的话语表达诉求和愿望是否强烈"中，近半数的教师选择了"十分强烈"和"较为强烈"，但同时选择"一般"的占比也居高不下，约为30%，同时还有18%的教师认为自己所在课堂的学生"很沉默，几乎没有话语表达诉求"。在选择题"您所在的思政课堂的教学实效如何？是否实现了与学生的话语通达"中，仅有约30%的教师认为自身的课堂教学实效较好，与学生很好地实现了话语通达。

多年来思想政治教育的声音多是自上而下传达的，部分教育者并不习惯"俯下身来"倾听学生自下而上的声音。在高校思政课教学实际中常常出现：一面是教育者的话语表达权和文本解释权得以淋漓尽致地发挥；一面是受教育者的话语自觉、话语表达诉求时常被遗忘和遮蔽，话语能量和潜力常被抹杀，话语期待得不到即时回应和有效满足。"思想政治教育文本式的话语缺乏主体间话语互动的证明、分析、澄清、解释和揭示，清晰的概念和鲜活的信仰在思想政治教育活动话语中被政治性、道德性话语所遮蔽，主体间'可分享性理解'的缺失致使思想政治教育话语意义世界黯淡。"[①]有的高校思政课教师在课堂语言内容、语言研判、语言解释等语言表达的各个方面都占有绝对控制权，凭借占据绝对优势地位的话语权和文本解释权，以"真理的代言人"自居，滔滔不绝而未注重与大学生的同频共振。即使教师潜心于自身教学语言的钻研，孜孜以求充实话语内容，但因潜意识中遗忘了教学语言作为一种"言语"实践活动需要在与作用对象——大学生之间的作用与反作用中延展，使得语言传递效果较差。有的思政课教师虽然设计了一些课堂讨论环节尝试与大学生对话交流，但多因议题设置的无新意、答案指向的唯一性等而在实际上并未充分调动学生的自主思考意识和话语表达热情，致使课堂互动流于形式，未发挥实效。"在传统的课堂教学中，通常以教师为主导，学生间所有的对话都会被视作对课堂秩序的破坏，因而教师往往会剥夺学生间交往的权利。"[②]此种教育者与受教育者之间的话语权失衡无形中使大学生从教学的主体沦为了教学活动的纯粹客体和对象，从活生生的现实的个体异化为教条化记忆和背诵知识条文的工具人，由此思政课教师与大学生之间从"我与你"的对话关系、主体间性关系异化为从教育者自身出发的"我与它"的工具关系；立德树人的教育过程也异化为只"教"不"育"的单向度过程。此种绝对的主客体关系划分，造成了教育者与受教育者之间关系的"两立"，人为地加剧了二者之间的话语差距，增加了二者话语间交往互动的难度，以至于本应"以人为本""以生为本"的思政课教学却时常"目中无人"。

---

① 孙丽芳，何祥林. 思想政治教育话语"意义危机"探究[J]. 社会主义研究，2015(06)：32.
② 任立. 高校思想政治理论课课堂话语交往质量提升路径研究[J]. 继续教育研究，2020(05)：72.

实际上，语言的传递不仅需要言说主体的"努力"，更需要接受主体的"内化"。教育者与受教育者只有在相互作用中才能实现对象化的相互确证，达成思想共识、精神共振。正是在这个意义上，教育者与受教育者的交流互动是思政课堂语言传递的最直接有效的方式，受教育者的反馈评价也成为思政课衡量教学实效性的最终标尺。倘若只从静态的单向度的视角提升思政课教学语言水平，即使对思政课教学语言表达的剖析和解锁再如何精妙，也难免陷入遗忘受教育者自主性和话语权的单向度窠臼，将受教育者异化为被动接受话语言说的纯粹客体，将语言传递的双向互动过程异化为主体作用于客体的单向灌输过程（如图3.1所示），进而无法形成从教育者作用于受教育者，再从受教育者反作用于教育者的双向互动的"逻辑的圆圈"（教育者与受教育者以语言为桥梁实现的双向作用如图3.2所示）。当教育者与受教育者的关系停留于作用者与被作用者的主客体关系时，是无法通达教育者与受教育者之间相互作用、彼此确证的主体间性关系的。

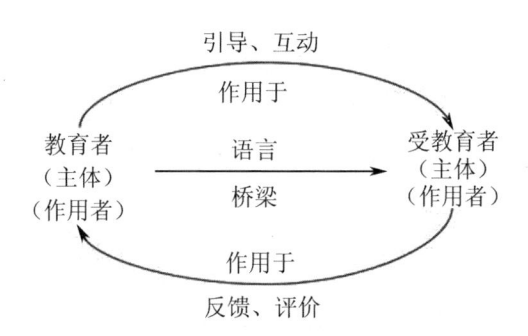

图 3.1　教育者与受教育者以语言为桥梁实现的双向作用图

图 3.2　教育者对受教育者的单向灌输过程图

高校思政课教学语言传递过程中，言语双方绝对的主客体关系将引发二者之间话语权的失衡，催生教学话语实效下滑的一系列多米诺骨牌效应：大学生的话语权长期受压制，会导致部分学生"有话无法说"，长久累积下来从"不能说""不敢说"再到"不想说"，陷入"有话不说"的沉默状态或产生心理抵触情绪；而话语热情的下降又直接引致话语存量和知识储备减少，陷入"无话可说"的尴尬境地；而话语存量的匮乏因使话语缺乏相应政治知识和政治语言的积淀而导致话语质量下滑，由此使语言传递效果大打折扣。其结果是"教者所谓倾其所有，听者实则寥寥无几"，思政课堂成为思政课教师"自说自话""自导自演"的"独唱"舞台。思政课教学过程中以教师语言的表达为主导、主流，但并不意味着教师应进行"话语独白"。思政课教学语言的表达需要学生的话语反馈，展开为师生之间的对话过程，因而在以教师语言表达为主导的同时亦可多辅以师生探讨、生生探讨等对话环节。

在传统的思政课课堂上，由于教育者在知识与信息方面的绝对优势，其话语的绝对主体地位是教学语言传递、教学活动顺利开展的内在要求。而在新时代背景下，特别是知识信息获取渠道多元化的时代背景下，个体自我意识和政治自觉意识的觉醒对话语自由表达的渴求，使得传统思政课堂上由教育者话语独霸的权威环境向多元主体发声的博弈环境的转变成为必然，话语关系、话语空间和话语权利的再调整成为思政课改革的趋势。

(四)语言语境：严肃有余，温情不足

任何语言总是于一定语境中生发的，即使是高度抽象性、学理性、概括性的语言也需要结合其生发的语境展开诠释才能更好地理解语言内蕴的深层含义和价值所指。高校思想政治教育的对象是存在和发展于现实生活世界的活生生的"现实的个人"，日常生活世界乃思想政治教育语言生发、语言开展和语言传播的现实场域。教师在思政课堂上言说的思想政治教育语言是否发挥了价值引导效力，发挥的程度多少，都需要回归大学生的日常生活世界，在日常生活中观测和衡量。实际上，思政课堂上看似抽象的文本语言、理论语言本身即来源于现实生活世界，是对社会历史规律的总结和对日常生活经验的提升。在这个意义上，提升高校思政课教学语言艺术水平，要求教学语言"照进"大学生的日常生活，而这种对生活世界的关照与其说是"转向"，不如说是"回归"。

揆诸高校思政课教学语言表达现状，其"宏大叙事"色彩浓郁而缺少对微观生活语境的足够关照，形塑的是封闭、僵化、生硬的话语生成境域。此种思政课教学语言的"宏大叙事"风格与微时代背景下大学生的"微观生活"之间形成强烈的对比。根据《高校思政课教学语言艺术调研问卷》(学生版)的结果显示,在选择题"思政课教师是否讲解政治热点和社会关注的公共事件"中,认为"讲解度非常高"和"讲解度比较高"的大学生占比仅为6%和18%;近半数约47%的大学生选择了"讲解度一般"。在选择题"思政课堂教师是否结合日常生活中的事例开展知识点讲解"中,虽然选择了"结合度非常高""结合度比较高"和"结合度一般"的大学生总计占比62%,但仍有27%的大学生认为"结合度很低";还有11%的大学生认为"基本不结合"。再根据《高校思政课教学语言艺术调研问卷》(教师版)的结果显示,在选择题"是否关注政治热点和社会公共事件?是否会在课堂讲解?是否会回应学生在相关方面的质疑"中,仅有10%的教师选择了"经常";超半数的教师选择了"偶尔";还有8%的教师承认在此方面存在"刻意回避"的现象。在选择题"在课堂教学过程中您是否有意识结合学生日常生活中的事例开展知识点讲解"中,25%的教师选择了"经常";而绝大部分教师约占比66%选择了"偶尔"。

在实际的思政课教学过程中,不少高校思政课教师热衷于讲"大"而非讲"小",大道理洋洋洒洒而对具体事件、问题的举证相对较少,"呈现出话语偏重事理的阐述与描摹而缺乏情感的交融与共生、青睐宏大事件的关照而疏远微小叙事的介入、注重'高、大、空、远'的话语宣传而忽略了'平、实、短、小'的生活感悟,由此形成了高校思想政治教育中抽象晦涩、空洞无物、不接地气以及没有实效的'自我陶醉'式话语样态"[①]。倘若思政课教学语言长期悬浮于大学生的生活之上和生活之外,极易导致思政课的教学话语供给与大学生的话语内需之间出现某种脱节现象,产生话语生产量大却无法满足大学生的话语期待的供给矛盾,直接影响大学生的话语热情和思政课获得感。此种忽视微观生活情境、忽视具体而微的生活体验的叙事方式,遗忘了大学生的多维生活样式和多样生活体验,易给大学生"空洞无物"之感。也正是因为此种思政课教学语言缺少一些人间"烟火气",在对现实生活和时代焦虑的"无应答"中进一步凸显了思政课教学语言的严肃有余而温情匮乏。

"感人心者,莫先乎情。"坚定的政治意志的形塑总是离不开一定程度的政

---

① 张翼. 现代性境域下高校思想政治教育话语及其转型[J]. 江苏高教,2017(01):48.

治情感的累积。有"共情"因素参与其中的认同往往比仅因"共识"产生的认同更具稳定性和可靠性。列宁指出："没有'人的感情'，就从来没有也不可能有人对于真理的追求。"①教育者的语言是否正确、严谨、科学、权威固然重要，但语言是否具有温情，是否包含价值关怀，是否能触动听者的内心等情感因素同样会对语言内容的传递产生重大影响。特别对肩负价值引领使命和承载人之为人终极关怀的思想政治教育而言，更不能忽视情感因素对语言有效性的影响。而当前高校思政课教学语言在原理知识、政治理论、文件精神的灌输中彰显的严肃性、严谨性、组织性、庄重性特质明显，而话语中的心理疏导和人文关怀等温情色彩相对淡漠。对高校思政课教师而言，无法通过语言打通与受教育者之间的情感链条；对大学生而言，由于对教学语言缺乏情感共鸣，其对教学语言的认知至高停留于记忆背诵层面，而无法产生触及心灵的深层感触，此种"情理未能兼施"的语言使思政课的言说"刚柔不能相济"，可"背诵"却无法"感知"。根据《高校思政课教学语言艺术调研问卷》(学生版)的结果显示，在选择题"您所在班级的思政课堂氛围如何"中，认为"很好""较好"与"一般""不好"的占比基本持平，认为"一般""不好"的占比略高。在选择题"您认为思政课教师的语言亲和力怎么样"中，超半数大学生选择了"亲和力一般""亲和力很小"和"没有亲和力"。再根据《高校思政课教学语言艺术调研问卷》(教师版)的结果显示，在选择题"您在思政课教学过程中最为注重哪个教育目标"中，选择"知识点的灌输和讲解"的占比最高，选择"学生的思想境界的提升和精神家园的构建"的占比最低。在选择题"您在授课过程中是否有意识地注重思政课教学语言的价值所指，教学效果能否助益大学生精神境界的提升"中，选择"非常注重，提供很大助益"的占比19%；选择"较为注重，提供较大助益"的占比42%；而选择"一般，提供一定助益"的占比最高，约为34%；还有5%的教师认为自身未有意识地注重教学语言的价值指向。

综上，高校思政课堂与大学生日常生活世界一定程度的脱钩易使思政课教学语言严肃庄重有余、共鸣共情不足，印象中"高大上"的思政课话语如何深入微观生活世界铺设生活话语的逻辑、传递语言中的价值关怀成为新时代

---

① 列宁全集(第二十五卷)[M].北京：人民出版社，2017：117.

背景下亟待解决的问题。

(五)语言运用：技巧单一，载体滞后

通过对调研数据的综合分析并结合实地调研和访谈发现，当前高校思政课教学过程中存在语言表达载体更新滞后和语言表达技巧运用单一的情况。根据《高校思政课教学语言艺术调研问卷》(学生版)的结果显示，在选择题"思政课教师在讲解知识点时是否会借助抖音、短视频等多媒体设备及其素材"中，只有2%的大学生选择了"借助频率非常高"；8%的大学生选择了"借助频率比较高"；16%的大学生选择了"借助频率一般"；而超半数约54%的大学生选择了"借助频率较低"；还有近20%的大学生选择了"基本不借助"。在选择题"思政课教师在讲解知识点时是否引经据典"中，部分同学对思政课教师在此方面的教学技能给予了肯定，约17%的大学生选择了"引用频率非常高"；约32%的大学生选择了"引用频率比较高"，占比最高；但同时选择"引用频率一般"和"引用频率较低"的大学生占比也不少，分别为29%和19%；此外还有3%的大学生认为其思政课教师在教学过程中"基本不引经据典"。在选择题"思政课教师在讲解知识点时是否运用反问、比喻等语言表达技巧"中，部分同学对思政课教师在此方面的教学技能给予了肯定，约9%的大学生选择了"运用频率非常高"；28%的大学生选择了"运用频率比较高"；但选择"运用频率一般"的大学生占比最高，多达32%；选择"运用频率较低"的大学生占比也较高，约为26%；还有5%的大学生选择了"基本不运用"。在选择题"思政课教师是否会运用肢体语言、表情语言等无声语言来辅助教学"中，56%的大学生选择了"运用恰当，得体"；9%的大学生选择了"运用不恰当、不得体"；而超30%的大学生认为思政课教师"基本不运用"肢体语言、表情语言等无声语言来辅助教学。在选择题"思政课教师授课过程中是否会使用一些过渡性语言、衔接性语言、总结性语言"中，约29%的大学生选择了"使用频率比较高"；约37%的大学生选择了"使用频率一般"；约25%的大学生选择了"使用频率很低"；约9%的大学生选择了"基本不使用"。在选择题"思政课教师授课过程中是否会使用一些提问性语言、评价性语言"中，约9%的大学生选择了"使用频率比较高"；约29%的大学生选择了"使用频率一般"；约44%的大学生选择了"使用频率很低"，占比最高；约18%的大学生选择了

"基本不使用"。

再根据《高校思政课教学语言艺术调研问卷》(教师版)的结果显示，在选择题"在课堂教学过程中是否注重借助网络新媒体平台积累语言素材"中，选择"非常注重"和"较为注重"的教师占比都不高，分别为5%和21%，而这其中30岁以下和30～39岁的教师占绝大多数；而选择"一般"和"偶尔"的教师占比相对较高，分别为25%和42%，其中选择"偶尔"的教师占比近半数；还有7%的教师选择了"从不"。可见，借助微信、抖音等网络新媒体平台搜寻教学话语资源仅是少部分教师的选择。在选择题"在课堂教学过程中是否有意识地运用反问、比喻等多种语言表达句式"中，约25%的教师选择了"经常"；67%的教师选择了"偶尔"，占比最高；7%的教师选择了"从不"；1%的教师选择了"刻意回避"。可见，绝大部分教师在课堂教学过程中都会有意识地运用反问、比喻等多种语言表达句式，只是在运用频率方面存有差异。在选择题"在课堂教学过程中您是否有意识运用肢体语言、表情语言等无声语言增强课堂话语传递效果"中，仅有11%的教师选择了"经常有意识运用"；39%的教师选择了"偶尔有意识运用"；近半数约48%的教师选择了"会运用，但多为无意识"；还有2%的教师选择了"从不"。可见，虽然部分教师在课堂教学过程中会使用一定的肢体语言、表情语言来辅助教学，但多为无意识运用。在选择题"在课堂教学过程中您是否有意识使用一些过渡性语言、衔接性语言、总结性语言"中，47%的教师选择了"经常"；半数约50%的教师选择了"偶尔"；3%的教师选择了"从不"；没有教师选择"刻意回避"。在选择题"在课堂教学过程中您是否有意识使用一些提问性语言、评价性语言"中，15%的教师选择了"经常"；63%的教师选择了"偶尔"；17%的教师选择了"从不"；5%的教师选择了"刻意回避"。在选择题"在课堂教学过程中您是否有意识注重语言节奏和语音语调"中，仅有15%的教师选择了"非常注重"和18%的教师选择了"较为注重"；25%的教师选择了"一般"；35%的教师选择了"偶尔"，占比最高；还有7%的教师选择了"从不"。

根据调查问卷的结果，再结合实地的思政课课堂观察和走访窥见：思政课教师在教学语言的表达过程中，在借助网络新媒体技术累积语言素材方面，在对肢体语言、表情语言等无声语言艺术的把握运用方面，在对说理、比喻、引用等语言技巧的运用方面，在使用导入性语言、过渡性语言、衔接性语言增强语言输出的流畅性和自然性方面，在使用提问性语言、评价性语言与学生开展语言互动方面，在语言节奏、语音语调把控方面都存在一定的提升空间。

三、高校思政课教学语言艺术不足易引发的风险挑战

高校思政教学语言艺术的不足一方面可能引致教学语言工具理性与价值理性的失衡，即对教学语言工具理性的重视和对教学语言价值理性的漠视；另一方面直接影响教学语言传递效果，使教学语言传递效果减弱。而思政课作为主流意识形态传播的主渠道，教学语言功能的失衡和教学语言效果的弱化会进一步催生主流意识形态的"失语""失声""失势"。

(一)高校思政课教学语言功能失衡的风险

语言作为人与人之间沟通交流的介质要素，本身即具有工具性价值。又因高校思政课教学语言肩负意识形态宣传的重任，其工具性色彩愈发得到重视。在日常开展思想政治教育活动和工作的过程中，诸多高校和教师对思想政治教育语言的工具理性十分推崇，在无形中漠视了对教学语言价值理性的关注，进而引致思想政治教育语言工具理性与价值理性之间的失衡。例如，诸多思政课教师在教学过程中总是将教学语言重点放在强调思想政治教育服从于主流意识形态宣传和服务于政治经济发展的"社会本位"方面的作用，而引导大学生提升精神境界、实现自由全面发展的"个人本位"的价值功用方面的言说不足或几乎没有。此种将思政课教学语言的意识形态功能单向度强化，而忽视教学语言应当禀赋的人文关怀、价值关怀的做法，在很大程度上遮蔽了思想政治教育内蕴的精神建构意义。"高校思想政治教育话语意义的建构仅仅局限于文本宣讲、知识灌输、逻辑思辨等工具意义层面，注重教育对象对固定知识体系的记诵、指标体系的完成等方面的培养与教育，没有触及社会生活世界、主体精神成长与意义生成等价值层面的沉思。"[①]由此极易将思想政治教育语言异化为与受教育者精神世界无涉的教化工具，将思想政治教育

---

① 张翼. 现代性境域下高校思想政治教育话语及其转型[J]. 江苏高教，2017(01)：49.

语言的传递扭曲为教育者单方面的话语灌输，这也成为规训式、灌输式、支配式的教学语言风格形塑的重要缘由之一。

在市场经济和现代社会转型赓续推进的时代背景下，对个体综合能力和综合素养的高标准、高要求催促着现代人自我意识的觉醒和对个体本位价值的追求。个体性的彰显驱使人们衡量人生价值意义的标尺向物质利益和个体自身的关注倾斜。特别是成长于现代社会高压、快节奏生活环境中的大学生，经过大学阶段的学习后走向社会，即将迎接现代社会日趋激烈的生存环境的挑战，如何找到理想的工作、如何实现自我价值、如何追求自我的幸福生活等与个体利益休戚相关的问题是大学生最为关注的话题。思政课教学语言若仍只言说公共理性和社会价值而漠视个体关怀和个体价值，只放眼公共空间、社会事件而未将其及时与学生的个人规划、人生理想相结合，那么此种"社会本位"的思政课教学语言自然很难吸引大学生"洗耳恭听"，也无法建立与大学生之间的话语认同和话语信任，甚至还会因对大学生"个体本位"价值的迟滞和漠视而使大学生群体对思政课形成"假大空"的刻板印象，进而出现教师"高谈阔论"，大学生"不屑一顾""嗤之以鼻"的荒谬现象。

实际上，思想政治教育是对"人"开展的思想教育、政治教育、道德教育活动，其本身与人紧密相关，在这一层面上思想政治教育对人之价值关怀的缺失似乎是一个假问题，但在现实思政课教学工作中，由于过分强调思政课教学的意识形态"功用"而导致其"价值"缺失的现象的确存在。高校思政课教学语言的工具理性与价值理性二者本是并行不悖、相辅相成、融于一体的。此种将教学语言的工具理性与价值理性人为割裂和顾此失彼的做法破坏了思想政治教育及其语言的整体性，催生了思政课教学语言的意义缺失乃至意义空白。受教育者在教育者对话语权的绝对控制面前逐渐"失语"，思政课教学语言对大学生思想超越的引领力不足，思想政治教育沦为"无人身的教育"等诸多思想政治教育的发展难题接踵而至。

思想政治教育学科与其他学科的特殊性在于其语言的表达总是内蕴着某种价值指向。换言之，思想政治教育是一门"使命感"非常强的学科，思政课教学语言是一种肩负"使命感"的言说体系。这种"使命感"既要求思政课教学语言发挥意识形态引导的工具理性使命，更要求其肩负起"使人作为人成为人"的价值引导使命。思想政治教育语言既承载着意识形态的规训意图，更内蕴着实现教育者与受教育者精神沟通，表达教育者对受教育者的人文关怀，通过对受教育者的思想启蒙而提升其思想境界、促进其自由全面发展的价值期许和终极鹄的。这一终极关怀要求思政课教学语言必须通过理论内容的讲解、政治方向的引导、行为方式的规训、精神境界的提升、心理问题的疏导等方式达到"立德树人""铸魂育人"的价值目标。"思想政治教育话语在现代社会中充斥着'视听疲劳''边缘化'和'断层化'现象，如何实现思想政治教育话语由'视听疲劳'向'视听愉悦'转向，其转型的成功需要思想政治教育话语真正实现其生命意义旨向。"①

综上所述，局限于"社会本位"功用的高校思政课教学语言，因对大学生之内心世界和个体价值进行的无意义治疗，而导致"铸魂育人"之"魂"的抵达不到位，导致工具理性彰显下意义所指缺失，引发主流意识形态话语对大学生精神引领的无力和疲惫，亟待改变和扭转。

(二)高校思政课教学语言传递效果弱化的风险

高校思政课教学语言艺术的匮乏和不足首先影响到高校思政课教师与大学生之间的话语通达，进而直接催生语言传递效果的弱化。马克思曾说："理论在一个国家实现的程度，总是取决于理论满足这个国家的需要的程度。"②一种理论的接受程度取决于理论满足话语接收者的需要程度。思政课教学语言千篇一律的灌输式语言表达、从概念到概念的文本式话语言说、泾渭分明的绝对话语主客体定位、严肃有余而温情不足的语言氛围以及相对欠缺的语言运用技巧等使得"思想政治教育说理话语找不准站位、对不准频道、发不准声音、讲不好故事"③，无法很好地应对和满足大学生多样化、多层次的话语关注和话语需求。

实际上，高校思政课教学语言具有深厚的理论根基、璀璨的思想精华和权威的话语内容，可以说话语资源十分充沛，但却常常出现话语效果较差乃

---

① 孙丽芳,何祥林.思想政治教育话语"意义危机"探究[J].社会主义研究,2015(06):31.
② 马克思恩格斯文集(第一卷)[M].北京:人民出版社,2009:12.
③ 陈艳艳,陈杰.思想政治教育话语表达方式的三种路径[J].思想政治教育研究,2021(04):85.

至话语空场的尴尬局面,出现"高校思想政治教育话语地位、内容、结构及功能等层面的'中心化'与话语意义及话语实效'边缘化'共生的时代怪象"[①]。在丰富的话语资源、权威化的话语地位和规范化的话语生产机制下,思政课拥有最权威、最有底气的教学语言内容,本不应存在话语无序、话语失范、话语失势、话语无力等问题,但诸多思政课堂出勤率、抬头率和实效性皆不济的现象却真切存在。教育者与受教育者之间话语的不畅通不仅使教育者无法洞悉受教育者的思想现状、捕捉思想偏差并及时加以纠偏,而且极易使大学生产生外在压迫感,将原本通过话语通达而实现受教育者主动求索、自觉将其"内化于心"的过程异化为带有强制、压迫色彩的被动学习过程。这样的教学也很难使大学生"甘拜匦镧",不仅难以有效通过话语起到启迪思想、浸润灵魂之效,久之反而易使大学生产生抵触、冷漠、排斥的心理感受和负面情绪,甚至对思政课教学产生诸多质疑。作为每个大学生的必修课,高校思政课却常常沦为"有理说不出""说了等于没说"的课,沦为大学生"可听可不听"却"不得不听"的"必修课"。

(三)大学生话语空间下主流话语在场感淡化的风险

高校思政课教学语言功能的失衡和教学语言效果的减弱,进一步引发了主流意识形态话语传达的不到位,给各种社会思潮抢占大学生话语空间以可乘之机。时下良莠不齐的社会思潮纷涌,在一定程度上抢夺了高校思政课教学语言的话语权,挤占了主流意识形态的话语空间,使主流意识形态话语在大学生群体中的在场感有所淡化。

话语发声不等同于话语影响。高校思政课教师在课堂上对主流意识形态话语的反复"发声"不代表主流意识形态话语在大学生间的"入耳入脑入心"。当代大学生是"网生一代",其对网络话语的关注度和信任度极高,同时网络传播技术的革新打破了传统思想政治教育话语传递过程中传者与受者的绝对界限,话语权利的下沉和传播环境的自由赋予了大学生更大的话语自主空间。对个体话语权的尊重、话语交流需求的满足、思想情感释放的需要、快餐化网络微文化的消费等都吸引大学生在网络空间终端消磨大量的时间和精力,

---

① 张翼. 现代性境域下高校思想政治教育话语及其转型[J]. 江苏高教,2017(01):47.

并使他们逐渐习惯和热衷于从网络端获取信息和交流思想。

网络信息技术一方面使信息获取、话语发布、交流互动等方面越来越便捷；另一方面网络信息传播的泛化和无中心化，为多元价值观念的生根发芽提供了土壤和条件，制造了信息甄别的难度。特别是新社交媒体平台下信息传播的瞬时性、交流互动的自由性、话语主体的草根性和非权威性、话语内容的低门槛性、话语风格的偏娱乐性和调侃性以及网络媒介话语的相关规制尚不到位等，使得网络媒介空间下诸多话语具有较强的随意性，一些虚假信息和负面话语也呈几何式增长。社会负面事件和信息的嘈杂声，大众的不解、质疑和排斥声，"历史虚无主义"等歪曲声和抹黑声等诸种非主流话语和不良社会思潮不时翻涌，并在全新的传播格局和作用下即时扩散。

网络空间下良莠不齐的各类话语交融交锋，也使网络空间成为意识形态话语权争夺的重要阵地。当多元价值观混杂、纷繁的社会思潮迭起、负面网络舆情发酵、极端情绪化言论"泥沙俱下"成为网络空间常态时，成长于新时代的大学生群体极易将此种现象视为网络空间中"见怪不怪"的现象，并不自觉地裹挟其中迷失方向，丧失基本的政治判断能力。当下大学生群体的话语锐角愈发锋利，一些负面话、极端话、情绪话成为部分大学生的"常用语"，大学生伪认同或者说意识形态认同的裂变现象也更加明显。大学生尚处于"三观"的形塑发展时期，本身对政治信息和政治话语的甄别能力和判断能力较弱，加之受不良社会思潮裹挟而更易人云亦云，易产生片面认知和极化情绪而误入歧途。

社会思潮交织博弈下造成的价值异质与多元在很大程度上消解着主流意识形态的话语引导力，各种非主流之声与思想政治教育抢夺课堂话语权，并逐渐掩盖着主流话语的发声。此种主流意识形态话语在部分大学生中一定程度的"失语""失势"，一方面与主流话语在新媒介场域中的话语地位不高，尚未占领网络新媒体空间下思想引领的高地有关；另一方面也与部分思政课教师尚未真正将主流意识形态话语植入大学生内心，尚未于其精神阵地中形塑起坚定的政治信仰来直面各种负面信息的冲击有关。高校思政课的课堂，理应是主流意识形态话语的"畅所欲言"，而非各类"嘈杂之声"的"各抒己见"。

四、高校思政课教学语言艺术不足的原因剖析

(一)理论原因：学科属性制约下语言特色的影响

高校思政课肩负着意识形态宣传的使命、政治方向引导的重任，其话语言说需要遵循思想政治教育的学科特点和学科使命，这决定了其语言在思政课的课程属性、课程内容、工作性质、责任使命制约下而不可避免地具有相当的"刚性"(政治性)和"硬度"(抽象性)，自带庄重、神圣、严肃的"政治气场"。高校思政课需要言说马克思主义及其中国化理论成果、中国近现代史、思想政治教育相关理论、国家时事政治、中国共产党的政策文件等内容，一定数量的政治话语、理论话语、学术话语不可规避，且有些专业表达、学理范畴和文件话语不能轻易改变，由此决定了思政课教学语言在某种程度上必然烙印着相当的专业性、抽象性、学理性、权威性的鲜明特点。以马克思主义基本原理课程为例，教师在讲解过程中需要言说诸多马克思、恩格斯的原话以及哲学原理。对非此专业的特别是理工类的大学生而言，在没有相关理论积淀和一定哲学基础的情况下，即使思政课教师尝试运用各种语言表达的技巧将话语表述得尽量生动形象、通俗易懂，但话语内容本身决定了其言说难免会产生一定的晦涩、抽象之感。因思政课话语理解有难度，大学生便易产生畏难情绪，若此时教师再不加强"话语努力"，久而久之二者间的话语鸿沟就会越来越大。再如，形势与政策课的课程内容时常涉及国家当下颁布的重要政策文件、重大政治事件的相关处理等具有较高政治敏锐性的话题，由此决定教师在言说、介绍、解释政府政策和国家态度、立场时需要格外注重话语的严谨性、准确性、政治性。虽然一些生活语言、网络语言的相关言说"话糙理不糙"，能助益学生对相关内容的简单化、趣味化理解，但其不够科学严谨，可能引发话语歧义或带有娱乐调侃的意味，在思政课堂上言说不合时宜。因而，思政课堂的语言表达不得不较多地保有"原话色彩"，有时难免略显文本化、正式化、生硬化、教条化。换言之，思政课语言表达的抽象性、生硬性的特点在一定程度上受制于思政课课程内容的严谨性、学理性。此外，思政课作用于人的精神世界，引导人成为道德高尚之人，本身便具有超拔于现实的思想超越性，也易给大学生"高大上""不接地气"的错觉。

第三章　高校思想政治理论课教学语言艺术的现状调研和问题分析

高校思政课教学语言具有"刚性"（政治性）和"硬度"（抽象性），自带"政治气场"的特质并不能构成对其拒斥、增疑的正当理由，而恰恰正是这些特点成为思政课堂与其他课堂相区别的重要标识之一。高校思政课教学语言的内容都是兼具科学真理性和价值目的性、经得起反复推敲和实践验证的思想精华，其话语内容的正式化、严谨性、权威性、抽象性等不仅是其与其他学科区别的特质之一，亦是思政课语言的魅力所在。只是这种语言的刚性容易让非此专业的大学生产生话语畏难情绪，进而"望而却步"，这需要教师运用一定的语言艺术来增强语言的解释力和吸引力。也就是说，思政课教学语言固然严肃严谨，但不代表思政课故事不可以娓娓动听。语言的抽象性、学理性、权威性与语言的感染力、渗透力、引导力、生命力、解释力并不矛盾和对立，二者完全可以相辅相成、彼此成就。这实际要求高校思政课教师在语言表达方面付出诸多努力，注重提升自身语言表达的艺术水平。当然仅依靠教师群体的单向努力远远不够，还需要大学生群体克服畏难情绪，增强语言理解能力和学习钻研能力，在思政课教师与大学生的"双向奔赴"中实现话语通达、思想共振。

（二）现实原因：对教学语言艺术的整体重视度不足

从高校的视角来看，时下传统"满堂灌"的思政课教学语言表达风格在诸多高校的思政课堂仍占绝对主导和主流地位。一方面，在思政课教学改革不断推进的步伐之下，与教学语言艺术水平提升有关的教学方法、教学载体的创新尝试层出不穷，传统思政课教学语言表达模式的痼疾和劣势得到了一定程度的纠偏。另一方面，从思政课教学语言表达视角切入推进思政课改革，提升思政课实效性的尝试鲜有，遑论专门以思政课语言艺术水平的提升为核心开展专门研究和教学实践探索。整体来看，高校对思政课教学语言艺术水平的整体重视度不够，高校思政课教学语言艺术水平的提升仍有较大空间，高校思政课教学语言艺术水平提升的任务任重道远。

从大学生的视角来看，思政课是公共必修课，除思想政治教育专业的学生以外，对其他学科专业的大学生而言思政课并非专业性课程。在大学生专业能力评价体系下，大学生对思想政治教育知识掌握的程度并不直接影响对其专业技能的培养和专业课成绩。相较于专业课而言，思政课对大学生未来就业的影响也非立竿见影。虽然近些年大学生对思政课的话语期待有所提升，但相较于其专业课而言，大学生在思政课堂上对教师教学语言的热情度、关注度特别是回应度并不高。教学语言的传递过程不仅仅是"我说你听"的单向灌输过程，而是教育者与受教育者通过话语达成思想共振的双向互动过程，因而大学生在思政课堂上的"冷漠"表现反过来也会作用于教师，在一定程度上消解了思政课教师的话语热情。

从思政课教师的视角来看，与中小学思政课教师的教学压力不同，大学的思政课教学没有升学的压力，学生成绩的好坏并不与学生的升学和教师的业绩直接挂钩。从当前大多数高校的思政课教学任务目标设定和教学评价体系来看，只要学生考试成绩及格、教师教学评价及格即可"万事大吉"，因而不少教师产生了只要顺利平稳地完成教学任务即可"躺平"的心理，遑论额外花费时间、精力苦心钻研教学语言的表达艺术。

从高校思政课教学语言艺术本身来看，其提升非一日之功，是一项长期的系统工程，需久久为功。人的思想政治品格的形塑是个体的思想认知、政治认知从感性到理性并逐渐上升为稳定的政治情感和坚定的政治意志的长期过程。这也决定了高校思政课教学语言的言说需遵循人的思想政治品格形成发展的基本规律，通过积极正向的话语诉说引导个体形塑良好的思想政治品格。思想政治教育语言的引领力、说服力和吸引力在于通过思想真理和政治理念的逐步传递和渗透凝聚起受教育者内心稳定的政治情感倾向，它很难产生类似艺术、生物、化学、物理等学科那种"猛然敲击灵感""眼前一亮""平地一声雷""恍然大悟"的语言效果。虽然通过出彩的"三言两语"暂时吸引课堂抬头率和激发大学生学习热情是可行且有益的，但稳定的政治品格的形塑需要思想政治教育语言的"持续发力"，以语言的魅力不断地吸引、引导进而培育大学生。在整个教学过程中，思政课教师都需要注重语言表达的艺术，需要深入思考如何让生硬的思想政治教育语言始终能"入耳入脑入心"，如何通过语言的精巧安排赓续不断地柔化刚性的内容本身，这也成为高校思政课教学语言艺术水平提升进而维持的关键所在。

(三)历史原因：传统思政课教学语言风格的遗留影响

"满堂灌""一言堂"的传统思政课语言表达风格是特殊时代条件和历史背

景下的产物,其形成、存在和发展具有历史合理性和存在必然性。传统思政课语言表达风格与中华几千年的文化传统一脉相承,且在革命时期和社会主义建设初期发挥了思想指引、精神鼓舞、力量凝聚、人才培养的重要作用,具有不可磨灭的历史功绩。

任何国家的教育都是在承袭教育传统的基础上加以创造性转化和创新性发展而来的。摒弃传统、另起炉灶往往意味着对文明的割裂和对历史的颠覆。中华民族有着五千年的历史文化积淀,特别是传统儒家的道德教化思想对中国人的影响深入骨髓、根深蒂固。"传统儒家采取政教合一、以吏为师的教化方式,以德育和自我修身为教化的核心内容,要求以社会为本位,追求统一、和谐和共通,倡导家国一体,要求个人通过自我反省、'反求诸己'的方式调整自我来缓和与他人和集体的关系,其教化目标无非治国安邦、维护阶级统治。它注重知识传承,而非自主创新;主张按部就班,中规中矩,而不强调个性彰显。此种教育内容、教育目的和教育形式必然需要采取较为权威和官方的灌输教育方法。"[1]此种传统的教化方式培育了中国人以国家利益为重的高尚情怀、社会价值至上的大我情怀和中规中矩的个性品格,也奠定了思想道德教化的风格传统。

封建主义历经两千多年的发展,在创造了万邦来朝的华夏盛世的同时,也因其后期的落后腐朽不得不在帝国主义的船坚炮利下陷入分崩离析和任人宰割的困境。在救亡图存的历史使命驱动下,在充溢枪火的黑暗社会现实中,在不知往何处去的思想迷茫里,中国人民选择了马克思主义作为革命的思想指引和自我的精神寄托。通过集中式、灌输式的马克思主义思想宣传,大量鼓动式、口号式的思想政治教育话语重复以及社会本位、集体本位的教化内容来唤醒无产阶级的反抗意识和革命精神,是国家生死存亡这一关键时机的应然之举,也是完成反帝反封建这一历史使命的必然之举。革命战争年代的传统思想政治教育语言风格虽然强制性、权威性、灌输性色彩浓厚并充斥大量宣传鼓动式的政治口号和政治话语,但其话语生成是扎根于革命年代救亡

---

[1] 孟婷."自由个性"思想视域下思想政治教育的终极关怀问题研究[D].长春:东北师范大学,2018:126.

图存的时代语境之下的，在鼓舞革命士气、夺取和维护阶级政权、扩大党和军队影响、唤醒民族觉悟、提升思想凝聚力等方面发挥了不可替代、举足轻重的作用，在战火纷飞的艰难岁月中给予了中华民族"站起来"以强大的精神支撑和力量鼓舞。

中华人民共和国成立初期，百废待兴的社会现实和集约化的生产方式决定了时下思想政治教育的风格必然烙印着浓重的计划性色彩。历经多年战乱，中国的经济发展几近停滞，短时期内快速恢复生产成为新中国成立之初亟待解决的问题。计划色彩浓厚的行政管理体制和经济体制助益于国家的宏观调控和社会的全面恢复。为了与计划经济体制相适应，思想政治教育从顶层设计到下层管理，从教育资源配置到教学内容方法制定，从学科建设到院系调整都按照计划按部就班地展开。虽然思想政治教育及其话语的教条化、书本化、模式化、灌输性色彩十分浓厚，但正是这种思想政治教育风格适应了当时经济发展的需要，为国家的全面恢复及时培育了大批人才。

而今，封建主义时代已成历史，计划经济早已被市场经济取代，改革开放持续推进，中国已步入"日渐走向世界舞台中央"的新时代，但传统灌输式、权威性、强制性、计划性色彩浓厚的马克思主义宣传教化风格对当今思想政治教育的影响仍不容小觑，已成为诸多思政课教师教学语言表达的习惯。即使时代迁移，传统思政课教学语言表达风格仍发挥着遗留影响。

不得不说，传统思想政治教育虽没有学科化的教育体系，没有网络技术和全媒体提供的丰富多样的话语宣传载体和手段，但马克思主义话语却真正地实现了"入耳入脑入心"、人人传颂的话语传达效果，支撑着人们在艰难岁月中心怀对未来自由和全面发展的理想憧憬，发挥出了思想政治教育语言的真正实效。无论是传统儒家的思想教化，还是社会主义革命和社会建设初期的思想政治教育语言，都适应于当时社会的发展现状和发展需要，抑或说思想政治教育语言与时代背景休戚相关、无缝贴合。足见，思想政治教育的言说离不开语言语境的烘托和支撑，不同的时代语境决定了语言的不同言说方式。如今，从"站起来"到"富起来"再到新时代"强起来"，思想政治教育语言的时代语境已发生了质的变化，若仍沿用传统思想政治教育的言说方式，会直接造成思想政治教育语言与时下语境的脱轨，不仅难以发挥语言的实效性，而且易使听者产生"不接地气"的话语感受。

一言以蔽之,"满堂灌""一言堂"的语言表达风格具有历史合理性和自身的话语传达优势,但问题在于此种传统思政课教学语言表达风格在新时代的长时间延续,产生了思政课话语言说的诸多"不合时宜"和效果弱化问题。因而亟须在充分认知传统思政课教学语言表达风格的存在合理性和历史必然性的基础上窥见其存在发展的时代局限性。未来既应规避传统对现代的僭越,适时改革创新、因时而变;也应规避传统与现代的断裂,适当传承发展、扬长避短。

(四)时代原因:智能技术给教学语言艺术带来诸多挑战

新时代,在智能技术的赋能下,话语传播方式不断革新,进而催生了政治话语权利的不断下沉和公民政治主体身份意识的愈发觉醒。由此使得传统的主流话语表达和传播方式已无法满足当代人的沟通交流需要,倒逼主流话语言说和传播方式的变革。

智能技术对主流意识形态话语如何传递,进而对思政课教学语言如何言说提出挑战是时代发展之必然,是多维度、多方面的,仅就如下几个典型方面展开剖析。

第一,网言网语因在语言特点、表达方式、造词用句、语法规则等方面与思政课教学语言的巨大异质性而使其流行对思政课教学语言的传递产生了一定冲击。网言网语的短小精悍、通俗易懂与思政课教学语言的冗长抽象形成强烈反差;网言网语多具有生动形象、诙谐幽默的色彩,与思政课教学语言的科学严谨、庄重严肃形成强烈反差;网言网语处在不断更新中,具有一定"走红"期,不久便会被新生产的流行词汇所代替,与思政课教学语言的相对固定性、长期稳定性不同;网络语言涉及文字、语音,还有各种表情包、动图,与思政课教学语言集中为文本化语言不同;网言网语具有较强的随意性、娱乐性、符号化、碎片化,与主流意识形态话语的生成机制与语言风格具有较大异质性。这些都极易消解大学生对思政课主流意识形态话语的接受度和认可度,倒逼思政教学语言提升趣味性和吸引力。

第二,网络智媒的赓续精进引发了思想政治教育空间呈现的彻底变革,带来了信息展示和话语互动的结构性变革,打破了传统思政课话语的言说阈限。智慧媒体下话语主体的多元化，话语内容的碎片化、娱乐化、随意化、话语形式的快餐化，话语互动的跨时空化等特质引发了信息传播和话语表达的革命，不断解构着传统的自上而下的话语传播和交互格局，形塑起"去中心化""去权威化"的动态、立体的新话语传播格局。这给追求权威严谨、致力于思想引导的思政课教学提出挑战。提升思政课教学语言的话语影响力，构建新话语担当成为亟待解决的问题。

第三，算法逻辑对人之思想动态的控制性引导，稀释了思政课语言对大学生思想的引导作用，在一定程度上挤占了主流意识形态的话语空间和话语场域。算法逻辑可助力教育者提升思想政治教育话语精准度，准确且全面地评估受教育者的思想现状、思想异动和思想风险，从而有针对性地开展话语引导；但同时大数据的"话语喂食"极易消解大学生的话语审视能力和批判超越意识，加大思政课话语言说的价值引导难度。算法逻辑开展信息推送的黄金标尺是用户的浏览痕迹，在这一过程中算法技术无法对信息做出"是非判断"后再加以推送。若大数据推送信息与主流话语的政治立场并不完全一致，则易造成大学生政治情感的混乱和政治立场的动摇，加大思政课主流话语对大学生三观的引导难度。且在算法技术精准且海量的推送下，相关热点信息不断涌现让用户不自觉地沉迷于此从而花费越来越多的时间。算法逻辑的"成瘾效应"和"价值无涉"不仅挤占了主流意识形态的话语空间，也扰乱了主流意识形态的话语秩序和话语引导功能。

第四，网络语言的圈层化传播给思政课语言带来入圈困难，陷入破圈困境，催生思政话语圈与网络话语圈之间的同构和融合难题。算法逻辑和大数据技术会造成信息的瞬间积聚效应，同时又因类似信息的短时大量积聚产生信息茧房和圈层固化。一方面，话语的圈层化传播造成了圈内外的话语张力和话语隔阂，对高校思政课教师和大学生而言，愈发扩大了二者间的话语鸿沟，加大了二者间话语通达的难度。另一方面，圈层化传播加剧了话语的隐蔽性，增加了主流话语渗透其他圈层话语的难度。

总的来看，高校思政课教学语言艺术发展所处的时代是一个守正创新、充满挑战的新时代。智能技术创造了话语传播的全新生态格局，网络技术流冲击下网言网语的时兴对主流话语的影响、网络智媒的语言表达方式带来的冲击、算法逻辑对大学生的话语规训以及圈层化传播矩阵给思政课教学语言带来的出圈困境等都使得传统思政课教学语言的言说模式在诸多方面出现"不合时宜""水土不服",正面临解构的风险。网络话语的生活化、碎片化、娱乐化与传统思政课教学语言的抽象性、生硬性、权威性之间;现代语言媒介的便捷化、多样化、开放性与传统思政课教学语言载体的烦琐化、单一化、封闭化之间;现代话语传播的自主性、自由化、智能化与传统思政课教学语言的单向度、显性化、精英化之间;现代话语表达方式的隐蔽性、圈层化与传统思政课教学语言的灌输性、教条化之间都形成了强烈反差。

然而任何事物的发展都存在双面性,特别是新生事物的时兴总是伴随着"度"的恰当把控问题。在以大数据、算法逻辑、社交媒介为特征的"万物皆媒、人机共生"的智媒时代背景下,既要理性看待和引导网络技术革命引发的社会生活基础的更新变革以及给主流意识形态话语构建带来的新发展机遇,也要深刻思考智能时代下思想政治教育话语传播直面的诸多挑战以及所应担负的新时代使命。

(五)个体原因:对教学语言艺术的无意忽略和有意漠视

虽然艺术讲究灵感一现,但高校思政课教学语言艺术的运用过程却是一个"有准备"的言说过程,需要教育者提前准备而非临场发挥。抑或说,高校思政课教学语言的艺术化表达不是天马行空、语无伦次,而需要注重语言的逻辑性、组织性和巧妙性,对语言开展提前预设和安排。"有准备"的言说是实现教学语言科学精准的重要前提条件。而于科学精准之上若可赋能生动形象,深入浅出,雅俗共赏,并做到收放自如,又可进入教学语言艺术的另一个层次。这里"有准备"的言说不仅针对语言内容,还包括对语言语境、语速、腔调、顺序、重点和难点、效果等多个方面的预设式安排。与此相反,"无准备"的课堂言说不仅对语言内容不熟悉,更包括对语言语境、语速、重点、难点、效果等方面的忽视。对思政课教学经验尚不丰富的年轻思政课教师而言,把握思政课教学语言艺术的难度在于如何在熟悉掌握教学语言内容的基础上做到对各类语言技巧的运用能自由切换、穿梭、收放,在形上形下、具体抽象间游刃有余。而对教学经验相对丰富的思政课教师而言,他们虽然对教学内容有一定的言说把握,但往往更容易漠视语言艺术对课堂实效的影响,且在革新语言载体、创新语言生产等方面不占优势，因而有时看似滔滔不绝、侃侃而谈，但仍只能算作基于多年教学之上的"无准备的言说"。有教师认为只要具备一定的理论基础、掌握一定的教学方法，教学语言艺术便能自然流露，不必刻意求之。实则不然，思政课教师作为教学语言艺术的言说主体，其自身对语言艺术重要性的自觉认知和自身对语言艺术运用的反躬自省尤为重要，也成为提升思政课教学语言艺术水平的前提性要素。而对思政课教学语言艺术的自觉认知和反躬自省并非针对某个教师个体或某个高校、某个区域的教师群体，而是指向思政课教师整体，需要教学主体的集体性反思。

当下高校思政课教师教学语言艺术的欠缺可大致划分为无意识的忽略和有意识的漠视两大类。

第一，未充分意识到教学语言表达艺术在思政课教学中的影响，无意识间忽略了语言表达艺术。掌握并发挥思政课的教学语言艺术既离不开一定的教学经验积累，更需要教育者对教学语言艺术的自觉重视和反思求索。当前思政课教学语言艺术普遍欠缺的一个重要内在缘由，即是思政课教师本人对教学语言艺术在思政课教学中的地位和作用的重视不足。

第二，教学语言艺术对教师语言表达能力的高要求让不少思政课教师望而却步。思政课教学语言艺术水平的提升要注重的因素较多，对教育者各个方面能力的要求也较高。首先，在思政课教学语言艺术的运用过程中不仅需要遵循思想政治教育规律、受教育者思想政治品格形成发展规律等，还需要遵循语言运用的技巧规律。换言之，要求教学主体能根据不同的语言对象、语言内容、语言情境等，结合教育规律，充分考量受教育者的教育主体地位，思考如何言说能达成最优的教学成效，展开言说的"排兵布阵"。要确保话语传达的有效性，要求思政课教师对多质态话语类型的特点、适用语境、作用功能有明确定位，对不同类型的话语表达能熟练掌握。其次，思政课教学语言艺术的运用需要思政课教师具有一定的理论积淀、教学经验和较高的语言转化能力。思政课教学语言不是对教材话语的简单重复，而是思政课教师以自身世界观、价值观为根基对教材话语展开的二次转译。在这一意义上，思政课教师自身的知识底蕴、思想根基、政治素养通过影响思政课教学语言的输出而影响着课堂实效和受教育者思想政治品格的形塑。思政课教师自身是否弄懂、读透教材话语，如何通过自身的语言表达艺术将教材话语转化成教学话语，如何提升语言转换、转译、加工、传递的能力尤为关键。除了要将话语说白、说透，还要注意话语之间的衔接和逻辑关系，形成话语间的层层递进效果，以达成受教育者思想层面的逐步顿悟。也就是说，教材内容是"第一文本"，而教育者对教材内容在自己头脑的消化吸收基础上进一步加工和转译成受教育者能听懂、能接受的语言，是"第二文本"。从"第一文本"到"第二文本"需要教育者话语能力的全面提升。最后，全媒体时代背景下，借力新媒介革新语言传递方式是思政课改革的重要一环。这不仅需要教育者了解和掌握新媒介的操作技术，更需要教育者掌握大学生在新媒介平台下的话语言说特点以及新媒介下思想政治教育展现出的新特点，进而挖掘可用的思想政治教育话语元素，再加以研磨，适当穿插组织成思政课的教学语言。在此方面，不仅要求思政课教师具备与思政课教学相关的能力，也需要具备一定的多媒体运用和操作能力以及使二者更好地有机耦合的能力。由此足见教学语言艺术培育的难度所在。部分教师因尚未具备相关能力而无法实现教学语言的艺术表达，而部分教师因为语言艺术表达的难度较大而望而却步，索性放弃。

　　第三，个别教育者之所以一直固守"满堂灌"的传统教学语言表达风格，是因为有自身的顾忌和考量。课堂探讨式、互动式的语言表达固然能提升语言吸引力，但需要教师对课堂话语秩序和话语氛围具有较高的整体把控能力，规避话语在你来我往中"跑偏"或"乱了阵脚"。思政课课堂对话语的政治方向性和精准性有严格要求，过于活跃的语言表达氛围容易冲淡语言表达的政治严肃性和严谨性，特别是当大学生在思政课课堂上言说从网络等其他途径得来的歪曲言论时容易在学生群体中"一石激起千层浪"，引发群体极化，导致课堂话语混乱，影响教师对课堂话语的政治方向把控，反而起到相反的教育效果。所以有的思政课教师在实际教学过程中仍大量使用权威性语言、文本式语言、教材式语言以尽量规避课堂话语混乱。还有个别教师因自身对教材的学习不够深入，对教学内容把握不够到位，对时事政治的跟踪学习不及时，担心学生的质疑和提问不能得到有力回应，因而刻意规避与大学生的话语交流，并通过权威性的话语表达方式产生与学生间的话语身份差别，拉大与学生的话语差距，尝试通过教师的话语权威给学生以无形的震慑，让学生不敢随意提问。此外，还有教师认为思政课的特殊性即是其强烈的理论性、政治性，只有言说学理性、抽象性较强的文本话语、政策话语、专业话语才能彰显其学科归属。

通过对高校思政课教学语言艺术不足的各类原因的剖析可见，既有学科理论本身话语属性的制约，传统思政课教学语言风格的历史遗留影响以及智能技术下新的话语传播格局带来的诸多挑战等难以规避的原因；也存在学校对思政课教学语言艺术的整体重视度不足，学生对思政课教师教学语言的热情度不高以及教师本人对教学语言艺术不同程度的忽视等原因。归根结底，最为关键的，也是提升教学语言艺术水平最直接有效的途径，即从思政课教师入手，改变其对教学语言艺术无意忽略和有意漠视的现状，提升其教学语言的创造性表达能力。

第四章 高校思想政治理论课教学语言艺术水平的提升策略和价值目标

习近平总书记十分重视高校思政课教学实效,主张把思政课道理"讲深、讲透、讲活",并明确提出:"思政课教学是一项非常有创造性的工作",思政课教师要"创新课堂教学,给学生深刻的学习体验"[①]。新时代高校思政课建设受到前所未有的重视,高校思政课教学语言问题也开始受到愈发广泛的关注。除了上层建筑层面的顶层设计、学校层面的规划布局,更为重要的是作为教学语言传递主体的思政课教师的"话语努力"。

一、高校思政课教学语言艺术水平的提升思路

(一)高校思政课教学语言艺术水平提升的总体思路

高校思政课语言艺术水平提升的总体思路是从高校思政课教学语言的"供给侧"入手,聚焦高校思政课教学语言言说的主体——思政课教师的教学语言精度、温度和效度的全面提升,在考量大学生语言表达的特点、习惯和倾向的基础上力臻通过对多种语言艺术的创造性运用让教学语言表达更加生动鲜活、立体丰满,提升语言传递的实效性,让大学生"能听懂、能明白、能记住"。

这实际要求高校思政课教师具备较高的"说的能力",即超越陈旧的不经消化、吸收、转译的纯文本迁移式表达,提升语言表达能力、语言转译能力、语言转换能力、语言情境的感受和判断能力等。在高校思政课教师"说的能

---

① 习近平. 论党的宣传思想工作[M]. 北京:中央文献出版社,2020:380.

力"提升的背后是其对客观世界的敏锐感知力,对社会事件的强烈感受力,对时代发展的自觉捕捉力以及对语言艺术的强大把控力,对语言氛围的良好塑造力和对语言表述的强烈感染力。在这个意义上,高校思政课教师教学语言艺术的构建需要思政课教师综合素养的全面提升。

这里,高校思政课教学语言艺术运用的总体要求是通过各类话语表达技巧的协同效应给受教育者以语言"美"的享受,力臻教学语言"有方向、有立场、有内涵""有温情、有趣味、有生活""有自信、有力量、有格局",言之有物、言之有理、言之有据、言之有序、言之有情,既有思想深度、理论高度,又有现实力度、生活温度,把思政课的"大道理"讲深、讲透、讲活,让大学生听得懂、记得住、传得开、用得上。

详述之,第一,语言应充溢"正"和"实"。语言应具有"正气"和"正能量",饱含对马克思主义和中国共产党的坚定信念,对国家富强、民族复兴、人民幸福的责任感和自信心;同时话语直面现实,尊崇事实,不夸大其词和故弄玄虚,说"有根的""接地气的"话。第二,语言应兼具"妙"和"理"。善用比喻、设问、对偶等修辞手法,使原本晦涩难懂的政治议题变得形象化,让语言有趣、有意思;同时,应引经据典,借用传统文化中的金句,让言语有理有据。第三,语言应注重"新"和"简"。解思想之渴、号时代之脉,用最"新鲜"的话语言说新时代新问题;同时话语应言简意赅又掷地有声,高屋建瓴却深入浅出。第四,语言饱含"亲"和"情"。实现政治话语与生活话语完美耦合,合理吸纳大众话、家常话、民间谚语等,让话语能"飞入寻常百姓家";同时多说大学生"想听的话""爱听的话""能听懂的话",让话语充满"人情味"。概言之,力求高校思政课教学语言"往实里走""往巧里走""往新里走""往情里走",真正"活起来""火起来"。

这里对高校思政课教学语言艺术的运用并不意味着彻底摒弃传统高校思政课教学的话语内容,也并非完全颠覆传统高校思政课教学的语言表达方式,亦不是将生活话语、网络语言等直接拿来加入高校思政课教学语言资源库,而是旨在以传统高校思政课教学的语言表达为基础对语言风格、语言技巧、语言内容、语言载体、语言关系等加以合理改革,有效提升高校思政课教学语言的魅力和高校思政课教学的实效。

（二）高校思政课教学语言艺术水平提升的具体思路

在总体思路的指导下，高校思政课语言艺术水平提升的具体思路可展开为如下内容。

从优化语言生产的视角看，重点在于语言资源的充实和语言种类的多元。通过挖掘新型网络空间和现实生活空间的思政课语言资源，实现网络话语、生活话语、大众话语与思政课政治话语、理论话语、文本话语的耦合共生、相辅相成，从囿于抽象的概念推演向理论话语与现实话语兼容、抽象话语与生活话语兼具、文本话语与流行话语兼容转变。

从革新语言载体的视角看，重点在于语言传递的智能化、动态化。让思想政治教育主动融入"人工智能＋"创设的生态图景，利用网络智媒在资源获取、话语传达等方面的优势使之成为思政课教学语言改革的巨大创造性力量，创生智能动态的话语宣传方式。

从释放语言权利的视角看，重点在于语言权利的下沉。大学生群体需要由被作用的纯粹客观对象转变为教学语言的主动接受者和课堂话语权的拥有者。当高校思政课堂的语言对象转向"活生生"的现实的个人之时，思政课教师与大学生之间的关系也自然由绝对的主客体关系转向主体间性关系。

从营造语言意境的视角看，重点在于语言氛围的形塑。营造一种沉浸式语言体验，通过既严肃认真又生动活泼的语言氛围加以熏染，于无形中达成"春风化雨、润物无声"的语言功效。

从转变语言风格的视角看，重点在于传统语言表达风格和现代语言表达方式的扬长避短、相辅相成。自上而下的纵向式、灌输式传播风格有机融合横向多维的对话式、互动式语言范式，使语言风格和表达方式根据教育对象、内容、情景而科学把控、灵活多变、具体而微。

二、高校思政课教学语言艺术水平的具体提升任务

（一）有理讲理，常说"有道理"的话

语言的魅力在于其背后蕴藏和沉积的思想力量。要把思政课教学内容说明白，实质就是把教学语言背后的思想和道理说清楚、讲透彻。大学阶段的思政课相较于其他阶段的思政课而言，其理论性更强，因而做到"有理讲理"，

将思政课的道理"讲深、讲透、讲活",实现"以理服人"是高校思政课教学艺术水平提升的应有之义。

那么高校思政课教师如何通过更好的语言言说实现言说者与听者之间的道理通达和思想接力,从而做到"有理讲理""以理服人"呢?

第一步,"讲理"先"有理","有理"先"学理"。胸无点墨者何以言之有理?以其昏昏又何以使人昭昭?话语实力是思政课教学话语振兴的关键,思政课教师深耕"语言内功"是实现其话语"以理服人"的前提条件。正所谓"传道者须先得道",欲"有理"先"学理","学理"方可"明理"。表面看,思想政治教育学科的"学术槽"浅,各行各业人士都可讲一堂思政课,但真正将思政课道理说透、讲通并不容易。一方面,要求教育者对所授章节内容有一定程度的把握,对教材的重点章节、重点内容反复涵泳和研读,不断揣摩和品味话语内蕴,实现教材话语向教学话语的转换;另一方面,思政学科深厚的理论奠基性和时代开放性要求教育者既要具备思想政治教育基本原理的学理基础,又要对马克思主义基本原理及其中国化理论有相当程度的深耕,同时对国家时下大政方针也需要跟踪性掌握。或者说,思政课教师既需要学会与教材对话、与文本对话,又需要学会与历史对话、与时代对话。只有既秉持坚定的政治立场开展课堂教学,做到"真讲马克思主义",又积淀深厚的理论底蕴和语言功底,做到"讲真的马克思主义",才能发表真正有涵养、高水准的马克思主义见解。

第二步,既要"有理"又要会"讲理"。"讲理是一门艺术,是非常需要我们自己去琢磨、体悟、总结和升华的,绝不是说把道理搞明白了,就能够直接把道理讲好。也就是说,有理是讲理的必要条件,而不是它的充分条件。有理又会讲理,才能成为大学的好老师。"[①]若教育者总是滔滔不绝地言说思政课的"大道理",却总是无法说透、说通大道理,是绝不可能通达"以理服人"的教育实效的。在现实的高校思政课教学实践过程中,"有理"却不会"讲理"的情况确有存在。部分教育者具备思政课教学言说的相关理论基础,但由于缺乏一定的表达艺术而陷入"有理说不出""说了传不开"的窘境,阻隔了思政

---

① 孙正聿教授在西安电子科技大学的演讲:大学的好老师[N].解放日报,2016-03-29(11).

第四章 高校思想政治理论课教学语言艺术水平的提升策略和价值目标

课道理向学生的传递。如果教师的语言只停留于对政治知识和政治事件的描述性说明,却没有把话语内蕴的道理说明白,那学生对话语的掌握也只能止步于表面的感性认知,无法超越单纯的记忆背诵的高度,故而很难通达话语背后之"理",遑论对话语展开理性审思。久而久之,此种说不清、讲不透,而只是拘囿于知识表面的感性话语因难以激发学生"穷理问道"的思想热情和学习动力而逐渐沦为应付考试的政治教条。部分学者将思政课教学话语的现状归咎于思政课总是"讲理",实际上问题不在于思政课只"讲理",而在于没有"讲好理""讲透理"。也就是在这个意义层面,如何"讲好理",通过"理论干货"的透彻解说达到沁人心脾的心灵滋润效果是思政课提升教学语言艺术水平的难题,也是思政课教师提升教学语言传递实效的重要一环。

第三步,"讲好理""会讲理"的关键是把马克思主义真理"讲深、讲透、讲活"。马克思在《〈黑格尔法哲学批判〉导言》中说过:"理论只要说服人,就能掌握群众;而理论只要彻底,就能说服人。"[①]语言的真理性、思想的彻底性是切实提高教学语言解释力和说服力的关键。思政课教师要常讲"有道理的话",把道理中的真理性因素"讲深、讲透、讲活",以气势磅礴的真理力量、抽丝剥茧的学理剖析、透彻清晰的思想判断来求索政治之理、学术之理和事实之理,在"说事"中"讲理",在"讲理"中"论道",以话语的"穷理问道"让学生不仅"知其然",更"知其所以然"。同时,基于思政课的学科特殊性,在讲理时应把控好语言的导向性,多说、常说"主流""正能量"的话。思政课教师只有把思政道理"讲深、讲透、讲活",受教育者才能"听得懂、听得进、听得好"。

第四步,"讲深、讲透、讲活"落脚于教育者与受教育者之间的道理贯通。思政课的"讲理"表面看是思政课教师单方面地向大学生输出道理从而影响大学生的思想政治品格,这里的"讲理"是教育者为说服受教育者而采取的一种语言手段、工具,把道理"讲深、讲透、讲活"要求教育者对言说内容有创造性、特色化的自我吸收和再创造。但同时,思政课的讲理既是一种语言表达的艺术手段,也是一种语言表达的艺术目的,或者说思政课要把道理讲好,

---

① 马克思恩格斯选集(第一卷)[M]. 北京:人民出版社,1972:9-10.

不仅需要教育者的话语努力,也需要受教育者对教育者言说道理的主动求索和自觉体悟,实现自身既有道理与教育者言说道理之间的贯通。这是教育者讲理的最终落脚点,也是评价道理是否"讲深、讲透、讲活"的黄金标准。实际上,教育者与受教育者之间的道理贯通不是一蹴而就、一成不变的,而是展开为教育者将既明(已经确实明白)的道理有效传递给受教育者,使之成为受教育者的既明道理,实现其思想政治品格的提升,同时受教育者既明道理的累积和政治思想的波动反向敦促教育者进一步丰富和深化思政课道理,因而二者间的道理贯通是一个循环往复、周而复始的螺旋上升过程,伴随着道理的贯通实现的是教育者讲理能力和受教育者思想品格的双向敦促和赓续提升。在这个意义上,思政课的有理讲理需要贯穿思政课教学全过程。

(二)直面生活,多说"接地气"的话

思想政治教育话语向日常生活世界的转向既是提升思政课教学语言艺术水平和思想政治教育话语实效性的内在要求,也是思想政治教育话语发展本身的归宿。直面生活,将宏大叙事的政治语言与大学生的生活语言完美耦合,才能让思政课教学语言于朴实中蕴深意,平淡中见微妙,娓娓中涵真谛,既"深入浅出"又"有滋有味",达成听者"良久有回味,始觉甘如饴"的听觉体验。

那么如何实现思想政治教育话语向生活世界的转向?实现宏大叙事的政治语言与日常生活语言的完美耦合?

第一,尝试用"接地气"的生活语言转译思政课"高大上"的政治原理。"大道至简",高校思政课教学内容充溢权威化、抽象化的政治话语和学理话语,但并不意味着高校思政课教学语言不可以采取返璞归真、回归生活的表达方式。将宏大叙事的政治原理"二次加工",通过浅显易懂、有滋有味的话语加以"转述",合理遴选并适当运用日常生活中广为流传的一些俗语或者故事作为解释性话语或案例可极大地降低思政课文本话语的理解难度,化解文本话语的刻板生硬。例如,毛泽东的"一切反动派都是纸老虎"[①],邓小平的"黄

---

① 毛泽东选集(第四卷)[M]. 北京:人民出版社,1991:1195.

第四章　高校思想政治理论课教学语言艺术水平的提升策略和价值目标

猫、黑猫，只要捉住老鼠就是好猫"①，习近平的"小康不小康，关键看老乡"②，都是运用通俗易懂的生活话语诠释政治原理的典范。社会生活的质朴生动能缓和政治原理的抽象晦涩，社会生活的"接地气"能缓和政治文本话语的"形上"。教师应适当规避结论性话语的长篇累牍和"宏大叙事"式表述的堆叠，以免在概念推演间造成思想混乱和留下故弄玄虚之感。让高校思政课教学语言"走下神坛"，改变语言的冗长枯燥和强制性、生硬性、抽象性，多借鉴民间话语方式的短小精悍、主题鲜明、形象生动等传播优势，将思政课教材话语、文件话语、政策话语、理论话语通过生活话语"转译"成大学生感兴趣、能听懂的话。此种思政课教学话语从教条化、理想化、生硬化、抽象化表达向生活化表达的转译，是高校思政课教育语言"放下身段"向日常生活话语的"迁就"。

第二，尝试遴选部分日常生活语言充实思政课教学语言储备。列宁在论及宣传教育时曾说："善于用简单、明了、群众易懂的语言讲话，应当坚决抛弃晦涩难懂的术语和外来的字眼，抛弃记得烂熟的、现成的但是群众还不懂的、还不熟悉的口号、决定和结论。"③这也启示思政课教师，要在大学生的日常生活中发掘深入浅出、通俗朴实，且具有教育性和启发性意义的话语，发挥生活话语的趣味性、质朴性、生动性等优势和生活哲理的深入浅出为思政课教学语言增色。教育者可通过多补充接地气的"大众话""生活话""大实话"来让思政课堂"沾泥土""带露珠""冒热气"。

第三，直面大学生的"生活世界"设置具体的政治话语议题，让思政课语言"飞入寻常百姓家""大而不空""言之有物"。相较于"政治抽象"，"政治具体"在构建大学生的话语认同和政治认同时往往更立竿见影、事半功倍，发挥出"牵一线而动一片"的良效。教育者所阐述的事实、列举的案例、针对的问题和事件等与受教育者的生活愈发休戚相关，愈能引发受教育者关注，继而愈能引起思想和情感的共鸣。对受教育者微观生活世界的言说要求思政课语

---

① 邓小平文选(第一卷)[M].北京：人民出版社，1994：323.
② 中共中央宣传部，中央广播电视总台.平"语"近人——习近平总书记用典[M].北京：人民出版社，2019：19.
③ 列宁全集(第十一卷)[M].北京：人民出版社，1959：274.

言向生活化、社会化、微观化、实践化、具体化靠近，对大学生关心的情感、考研、朋辈关系、就业创业等话题拥有敏锐的洞察力和捕捉力，找准大学生的生活兴趣点、利益交汇点和情感共鸣点，将思政课的"大道理"与大学生易于感知的"小确幸"耦合，在有限的课堂时间内，以言简、意赅、简约而不简单的语言引导大学生直面生活、审慎思考、理性践行。

实际上，高校思政课教学语言的生活转向就是以日常生活世界为中介，实现政治文本话语的生活化表达与日常话语的政治文本化升华，抑或理解为生活话语向思政话语的靠拢和思政话语向生活话语的延伸。综合上述三个方面，前两个方面表现为政治文本话语的生活化表达和生活话语向思政话语的靠拢；第三个方面表现为日常话语的政治文本化升华和思政话语向生活话语的延伸。思政课教学语言的生活逻辑的铺设目标是达成宏大叙事的文本话与接地气的生活话的有机耦合，通过思政课教学语言的生活化表意方式既保持住理论知识浓郁的政治气息，又通过言说让"冷酷"的知识温情化、柔和化。

这里，在高校思政课教学语言的"日常生活转向"中要注意的问题有很多。

第一，高校思政课教学话语的生活话语转向意指思想政治教育政治话语、学术话语、文本话语与生活话语、大众话语等话语之间的耦合，目标是在有机耦合中实现不同话语的优势互补、相互诠释、相辅相成、彼此成就，通过不同话语同构的"乘法效应"让思政课语言更加立体丰富、富有魅力，而非彼此替代、顾此失彼。思政课文本话语向生活话语的转向并非"另起炉灶"，并不是要抛弃现存的语言体系而构建另一套截然不同的语言体系，并不是将抽象晦涩的"纯理论"话语全部转换为通俗易懂的"大白话"。思政课教学语言的"泛生活化"误区极易引发思想政治教育价值引导的无力。同时，日常生活语言也不能简单粗暴地"被思政化"。生活世界转向虽然要求高校思政课教学语言从大学生生活的细微处着手，但并不意味着社会微观层面的生活细节都可以作为思政课教学言说的内容。进入思政课教学语言体系的生活话语是在反复斟酌和过滤后，特别是对生活世界中的低俗、负面话语进行摒弃后遴选出的富有教育引导意义的话语。"思政课教学离不开对社会生活资源的科学选择、合理搭配与有效整合。社会生活不可能也不应该被全盘拿来作为教学资源，对社会生活资源的选择、搭配和整合是由思政课边界决定的。"①思政课教学语言生活转向的价值意蕴在于教育者在开展思政课教学过程中对生活话语逻辑的自觉秉持，即有选择地将一些宏大叙事的理论知识与个体的具体生活体验对接展开言说，以达成更好地诠释和论证理论知识的目的。其难点在于如何遴选内容和把握转向的程度，而其黄金标准即在于是否助益于对理论知识的生动诠释和有力论证。

第二，要注意语言表意的"微而不碎"。思政课教学语言向生活世界的转向并不意味着打破原本教材话语的完整性、系统性，而是从生活语言切入，由浅入深、由表及里、由微观到宏观、由感性到理性，逐步上升达到学理性、思想性的政治表述，既言说"接地气"的生活话语、通俗话语，又于微观生活中给予形上层面的精神引领。不要让生活话语的微观化、琐碎化消解了思政课教学语言的体系性和价值引导意义。这里，政治话语、学术话语、文本话语的生活话语转向是在保持原本话语体系下的借鉴和补充。

第三，要处理好语言的规范性与通俗性之间的关系。一方面，日常生活中百姓日用而不自觉的话语不应被视作"平庸""粗俗""浅显"的表征，要知道，实践出真知，生活百态中处处充满人生哲理和人生智慧。正如毛泽东在《反对党八股》中所说的："人民的语汇是很丰富的，生动活泼的，表现实际生活的。我们很多人没有学好语言，所以我们在写文章做演说时没有几句生动活泼切实有力的话，只有死板板的几条筋。"②另一方面，在纠偏思政课语言宏大叙事、抽象生硬的同时不要"矫枉过正"，向生活世界的转向并非沉陷于纷繁复杂的日常生活世界之中，要规避教学语言的浅表化、肤浅化、庸俗化走向。

(三)回应现实，敢说"有棱有角""有破有立"的话

高校思政课教学语言不仅言说马克思主义的大道理、治国理政的重大问题，也关照影响人民群众切身利益和幸福生活的社会现实。将高校思政课言说的大道理融于经济、文化、教育、就业等社会现实中加以诠释，是立足新时代中国发展现实动态生成政治话语，增强语言针对性、具象感、聚焦力和

---

① 许瑞芳，纪晨毓."大思政课"视域下思想政治理论课教学的社会生活省思[J].思想教育研究，2022(04)：106.
② 毛泽东选集(第三卷)[M].北京：人民出版社，1991：837.

说服力的有效举措。

　　高校思政课教学既要倡导正面的、积极的事件，也不能回避负面的、消极的事件，尤其对一些产生重大影响的社会事件或负面思潮更应及时捕捉、解惑释疑。社会发展的理想目标与社会发展的现状之间总是存有一定的差距，特别是当一些社会负面事件和负面新闻出现时，诸多对社会体制、政治权力和主流话语的质疑声随之纷涌，极易误导尚处于三观形塑时期的大学生。特别是在全媒体时代，个别媒介、政客、网红为博眼球会刻意发表不实和偏激言论带偏话语节奏。这迫切要求高校思政课教学强化问题意识，聚焦大学生目光所注，借助网络平台的大数据分析、课堂课后的互动反馈等渠道展开问题的搜集整理工作。"高质量的问题既能呼应课程理论的关键点、契合授课教材的重难点、结合社会公众的关切点，又能贴近学生学习成长的实践、靠近学生的'最近发展区'、促进学生创新思维训练甚至结出创新思维成果。"[①]教师应在掌握大学生对一些政治事件、公共事件、社会矛盾的思考和困惑的基础上，着力剖析学生的思想模糊点、概念混淆点、思维偏激点、知识断层点，即时给予话语回应和话语纠偏，第一时间解决社会思潮和网络舆情对大学生三观的负面影响。相反，若高校思政课教师对大学生关注的问题"避实击虚""避重就轻""避难就易"甚至"避而不谈"，则会在很大程度上稀释主流话语的解释力和大学生对教师话语的信任感，久而久之，思想政治教育话语便极易陷入形同虚设的尴尬境地和脱离现实的发展窠臼。

　　如何针对社会现实开展有针对性的言说？在言说过程中需要注意哪些问题？

　　高校思政课教学语言在言说关乎大学生切身利益和幸福生活的社会现实问题的过程中要注意知识讲解、事实分析、价值引导的三维统一。一方面，要以敏锐的问题意识和尖锐的批判意识，跟随时代、回应时代、剑指问题所在。对各种非主流意识形态的"流言蜚语"给予立场坚定、棱角分明、彻底有力的言语驳斥，用切中肯綮的判断、鞭辟入里的解说、抽丝剥茧的剖析、有

[①] 林依爽，尹晓敏. 论高校思想政治理论课话语表达的刚性与柔性[J]. 浙江树人大学学报，2019(04)：96.

理有据的论断直戳其思想软肋,揭开其思想迷雾,无情披露其惯用的掩盖真相、否定历史、断章取义、概念偷换等伎俩,引导大学生廓清其观点中的逻辑圈套、思想误导、标准不一和事件背后的政治阴谋,学会透视表象辩证析之、去伪存真。另一方面,在批判中建构。在开展"铿锵有力"的话语批判的同时,挖掘其与高校思政课知识讲解和价值引领间的衔接点,顺势推进正面主流话语的言说。或者说,既有问题导向明确的思想批判,亦有学理意味深厚的思想探赜和价值导向清晰的思想引领,在三者的融合中将主流意识形态的价值观引导寓于大学生可感知的现实世界的批判之中,不仅对各种错误思想和不良思潮展开有力驳斥,更进一步结合思想政治教育的知识点,用"真道理"驳倒"伪道理",用"正道理"压住"歪道理",肃清大学生思想的偏差,达到强化主流意识形态话语的语言功效。一言以蔽之,也就是说言语既"有棱有角",又"有破有立"。

　　语言供给的针对性会直接影响语言期待值的大小,语言传播的时效性会直接影响语言传播的实效性。增强高校思政课教学语言的问题导向和回应意识,以"问题"为靶向设置讲解重点或探讨议题,以"有棱有角""有破有立"的话回应大学生的话语关注点,可及时有效地解决大学生内心的思想困惑和思想关切,极大地助益教学语言超越笼统、泛化的语言解说模式,推进语言的精细化、精准化传播,是从话语供给一侧对教学语言的结构性改革,实现从语言"内容陈列"到语言"产品供应"的转型,精准弥合大学生的话语期待与思政课话语供给之间的张力。正因为教育者的话语供给精准对接了受教育者的话语期待,从而形成了话语召唤作用,激发了受教育者的知识渴求和对话欲望。也正是在这一意义层面,此种针对问题的回应式语言在现实的高校思政课教学过程中对学生的吸引力较大,对教师话语权威的树立和语言实效的取得都立竿见影,也成为教育者用理论把握现实、用理论说服人的重要方式。

　　这里需要注意的问题是,高校思政课培育的是能直面时代之问并应答时代之问的时代新人,因而高校思政课教学对现实政治问题和社会事件回应的目的是肃清大学生的政治疑虑和思想疑惑,引导其增强政治辨别能力,形塑正确的政治方向和正向的政治情感,而非鼓励思政课教师与大学生在课堂上愤世嫉俗或天马行空式的对社会现实开展探讨,甚至言说一些游走在政治原则边缘和政治道德边缘的话语。而且,在思政课教学过程中,并非所有的现实问题都需要回应,对现实问题的正负能量做出基本的判断是开展言说的前提性工作。只有具有思想政治教育意义,能为肃清大学生的政治疑虑和思想疑惑助力的现实素材才值得打磨为高校思政课教学的话语资源。

(四)旁征博引、巧譬善喻,能说"有意义、有意思"的话

高校思政课教师虽无法人人通达博古通今之境,但思政学科的学科属性决定了其语言表达至少需要做到言之有理、言之有据,语出有因、语出有史。这也是承担主流意识形态宣传重任,肩负立德树人、培育民族复兴时代新人使命的思政课程赋予思政课教师的更高要求。

那么如何使语言表达言之有理、言之有据,语出有因、语出有史?

第一,善于挖掘历史记忆和文化记忆。只有以史为证,才能使语言表达"有史有据""有凭有证""有血有肉"。在国家文明的历史长河中,应挖掘历史故事、民族故事、改革故事、红色故事等,通过历史记忆和文化记忆的回溯增强语言的厚重感,彰显中国特色社会主义道路的话语正当性和话语合理性,应通过此种"实打实"的言语诉说增强主流意识形态的话语底气。

第二,善于引经据典、广采博闻,用典故、诗句、成语、格言明理传意。在中华民族五千年的繁衍生息和文化积淀中,形塑了意蕴深厚的思想富矿和话语宝库。诸多典故、诗句、成语、格言、名言警句、谚语俗语等都凝聚着先人的思想智慧和话语魅力,有着独特的象征意义和文化意蕴,可起到"只可意会不可言传"的表达效果。根据高校思政课教学的具体知识点,在讲解过程中合时宜地引经据典可大幅提升思政课教师的语言魅力,增强其语言艺术性。

第三,善于引用鲜活事例,让事实发声。列宁曾说:"在解释社会主义问题和当前俄国革命问题时,要善于运用掌握的事实和数字,不要讲空话,不要讲大话。"[①]习近平总书记也强调:"要讲究语言艺术,要少一些结论和概念,多一些事实和分析;少一些空泛说教,多一些真情实感;少一些抽象道理,多一些鲜活事例。"[②]在国内外发展的事实、案例、素材的横向比较中,

---

① 列宁全集(第十四卷)[M]. 北京:人民出版社,2017:89.
② 中共中央宣传部. 习近平新闻思想讲义(2018年版)[M]. 北京:人民出版社,2018:205.

应挖掘能增强国家认同、民族认同,展现中国优势、中国自信,发挥榜样示范作用和朋辈效应的鲜活案例。例如,可将"马克思主义为什么行""中国特色社会主义为什么好""中国共产党为什么能"的现实明证、良性经验和事实优势转换成思政课最有说服力的生动案例。具体而言,可立足中国特色社会主义建设的实际成绩诠释新时代中国特色社会主义理论体系最新成果的科学性和现实指导意义;可选取新时代中国特色社会主义的历史性变革和历史性成绩研磨成思政课生动的教学案例;可将中国特色社会主义实践过程中凝练出的精神品格和共识性价值话语及时补充到思政课教学话语资源库中来。例如,时下凝结着中华民族的发展前景和殷殷期许的伟大复兴梦想,寄托着全民共同富裕梦想的脱贫攻坚精神以及在新冠病毒感染疫情防控中彰显出的道路优势、民族凝聚力和抗疫精神等,这些新时代伟大精神和美好生活的象征都可以融入各门思政课教学中,成为增强语言实效性的有利素材和鲜活话语。

第四,巧譬善喻,让话语惟妙惟肖、妙趣横生。话语的形象生动、妙趣横生能更好地激发当代大学生的话语好奇心。这要求高校思政课教师具备较高的教学话语驾驭能力,在具体的课堂教学过程中,在不改变话语本身意思和思政课教学语言价值意图的前提下对一些难讲难懂、抽象晦涩的知识点适当"妆化",借用一些设问、比喻、拟人、双关、正话反说等语言修辞手法和表达技巧,使抽象道理形象化、枯燥理论生动化,在看似诙谐幽默、谈笑风生中发挥语言表达技巧和特殊表达形式在活跃气氛、传情达意方面的巧妙作用。

第五,丰富语言句式,增加语言技巧,增强语言趣味。在阐述问题时,即使遇到理论性非常强的政治话语,也可综合运用长句、短句、句群以及疑问句、排比句、反问句、感叹句、歇后语、外来语等来增加语言句式的变化,从而更好地产生语言的抑扬顿挫之感,大可不必拘泥于结论性长句的长篇累牍。适当运用句式变化这一语言表达技巧对增强话语吸引力和趣味性大有裨益。

高校思政课教学过程中,语言的历史厚重感能让话语更加掷地有声,而巧譬善喻的语言表达技巧让有"高度"的话语不再"高冷",而是既"有意义"又"有意思",既"有品位"又"有滋味",打造出兼具历史"质感"、现实"触感"和思想"动感"的思政课教学语言。

(五)守正创新，会说"新潮话""流行话""时尚话"

说"新潮话""流行话""时尚话"不仅可助益于思政课教学语言储备在吐故纳新中不断更迭和充盈，而且可极大地提升高校思政课教学的抬头率和学生对语言的关注度。那么如何让思政课教学说"新潮话""流行话""时尚话"？在言说过程中需要把握何种言说的原则和尺度？

首先，高校思政课教师要敢于走在时代潮头捕捉新时代话语，了解时下大学生常用的"新潮话""流行话""时尚话"，发掘与思政课教学内容相契合的新话语资源，将其活化成思政课教学的语言素材。具体展开为：第一，收集和分析大学生喜闻乐见的时尚话语、新潮话语，特别是流行度较高的"网言网语"、朋友圈酷语等；第二，匹配相关的教材知识点；第三，在讲解知识点时适当穿插，以"老话新说"的方式达到"死理变活理"的语言效果。思政课教师在教学过程中适当地说一些"新潮话""流行话""时尚话"，是以大学生喜闻乐见、易于接受的方式开展的教学语言传达，不仅能有效激发大学生的语言兴趣点，提升语言吸引力和课堂抬头率，助益于推进思想理论传播和提高思政课堂实效，也因话语迎合了学生的表达方式、接受方式和话语偏好而极大缩小了思政课教师与大学生之间的话语鸿沟。例如"大国梦的实现不纯靠嘴""我们的征途是星辰大海"等都是大学生耳熟能详的爱国主义流行语，[①] 可以直接"拿来"用在思政课堂上。再如，还可借用"佛系""躺平""摆烂"等网络流行词描述个别大学生日常消极被动的学习生活状态，让批评因带有幽默、调侃的风味而更易被大学生接受，规避了因生硬、直接的语言批评带来的反感、叛逆心理。

其次，除了"新潮话""流行话""时尚话"，还可以借助一些流行元素、新潮元素、时尚元素来让高校思政课堂教学语言"更时髦"。例如，在PPT中穿插流行表情包和点击量较高的动图、音频、微视频等，让思政课教学的传统语言表达与新时代语言表达和语言文化有效对接。

---

① 尹晓敏."有知有味"：高校思想政治理论课话语赋能的双重向度[J]. 浙江树人大学学报(人文社会科学版)，2019(06)：107.

第四章　高校思想政治理论课教学语言艺术水平的提升策略和价值目标

这里需要把握的基本原则是，高校思政课对"新潮话""流行话""时尚话"的借用需要时刻站稳话语的政治立场。新时代流行话语诞生于中国从站起来、富起来走向强起来以及实现两个一百年奋斗目标的时代背景下，因而其本质上是在中国特色社会主义理论、制度的伟大实践中的话语创新，理应记录新时代社会发展的历史性成绩和历史性变革，成为应时代发展之需表征社会发展进步的代码和符号。思政课要说的"新潮话""流行话""时尚话"并非将所有的新潮话都直接拿来，特别是那些可能带有负面、歧义或有待商榷的词语或观点，而是应遴选那些能记录社会发展的历史性成绩和历史性变革的新话语，引用应时代发展之需而创生、表征社会发展进步的新话语，从而发挥语言表达的正向引导作用。

新时代讲究说新语，但创新的前提乃是"守正"。不能为求创新而创新，而要规避无思想内蕴的单纯语言形式创新和纯粹的文字游戏，规避脱离现实所指的所谓语言创新。思政课教学语言的创新需要对时代新潮话进行敏锐捕捉和价值预判，更需要以传统思政课的教学内容和话语的承接为前提。也就是继承传统"说老话"，顺应时代说"言新语"。切忌无中生有、自造新词让学生"不知所云"，也不能一味迎合大众口味和学生猎奇心理而使用低俗轻佻、娱乐调侃色彩浓厚的网络语言、流行语言。在这一意义层面，高校思政课教学语言要"结合""配合"而非"迎合""凑合"大学生群体的流行话语，做到既不"牵强附会"，也不"哗众取宠"。

(六)革新载体，穿插有"动态感""画面感"的话

人类通过不断的技术革命推动时代跃迁和历史进步。网络大数据技术和智能传媒技术的横空出世是人们为了满足自身需要而不断认识和改造世界的新产物，亦是时代进步的象征和未来发展的趋势。尽管思想政治教育话语有其特定的话语内容和表达方式，但其时代性、开放性等内在特征要求思想政治教育紧跟时代、迎合时代。特别是当传统的自上而下的话语表达方式在交流互通如此频繁的智能时代下成效趋微时，改变传统的语言表达风格，借助语言载体的更新多元化话语传递方式成为当务之急。

那么高校思政课教学如何利用话语传播新载体，开展灵活多样、动态鲜活的话语宣传？

第一，可借助新媒体赓续开拓线上教学的载体平台，实现线上线下的"双线"教学语言传递。对比线上线下教学，二者各有优势。相较于线下教育，线上教育无须教师和学生在同一空间，减少了师生每天去教室的奔波之苦；同时线上教育形式新颖，更能吸引学生的注意力；学生还可通过弹幕语言随时与教师及其他同学沟通交流，学生的话语活跃度明显高于线下课堂。相较于线上教育，线下教育时教师可直接看到学生的学习状态，与学生直接面对面地对话交流，更有助于课堂管理；同时学生也可更直观地看到教师的表情语、动作语、手势语等，有助于知识传输和话语理解。虽然线下教育是思政课的主课堂、主渠道，但伴随信息技术的创新发展，线上教学愈发成熟，其独特的教学优势会成为线下教学的重要补充和辅助。通过疫情期间对线上教学的探索以及线上线下教学成效的对比，针对不同的教学内容和教学重难点采取不同的教学形式和手段，探索线上线下的混合式教学模式是高校思政课"顺势而为"、创新发展的重要思路。实现思政课线上线下"双线"教学的协同联动，助力发挥主流意识形态话语在"双空间"即现实空间与虚拟空间的引导作用。

第二，遴选网络新媒体平台下的动图、音频、微视频等，实现语言传递的动态化，让高校思政课教学语言不仅停留在"听觉"的单一维度，而是实现视觉、听觉、触觉、通觉的全觉感知。动图、音频、视频等相较于文本语言更具视觉冲击性，能更好地激发学生的形象思维。搭乘新媒体发展的顺风车，借助一切能提升课堂实效性的工具和多媒体手段，通过可视化方式传递思政课教学话语，既是跟随时代发展的明智之举，也迎合了大学生的话语接受倾向，成为提升思政课教学语言传达实效的良方。这里需注意，穿插的动图、音频、视频等都需根据思政课教学内容而预先设定，应具有正向的价值引导功用，而非为了博学生眼球而刻意为之；同时对动图、音频、视频等的穿插，可做偶尔活跃气氛、辅助讲解之用，并不意味着用网络视频、动态图片全程覆盖、完全替代教师的话语言说。

第三，借助新媒体搭建师生语言交流的网络平台，拓宽师生话语交流的渠道和场域，在频繁、便捷、即时的言语交流中发挥教育教学之目的。例如，可打造思政教育微平台、公众号、微博、论坛、微信群等作为辅助性教学App，允许师生在其中发帖、评论、转发、收藏、留言等；也可在课堂之上借助社交媒介开通弹幕语言交流区域。

这里向新媒体的借力并不意味对传统媒体的摒弃,关键在于实现话语传播新媒介与传统媒介的对接与同构,实现相互赋能。习近平总书记在全国高校思想政治工作会议上指出:"要运用新媒体新技术使工作活起来,推动思想政治工作传统优势同信息技术高度融合,增强时代感和吸引力"[①];又强调:"传统媒体和新兴媒体不是取代关系,而是迭代关系;不是谁主谁次,而是此长彼长;不是谁强谁弱,而是优势互补"[②]。论坛、微博、微信、短视频、网络直播等大流量媒介载体是话语有效传播的新工具,其传播的即时性、广泛性、便捷性、影响力、覆盖面等远远超出黑板、粉笔、广播、报纸、书籍等传统媒介。思政课对新媒介工具的运用,可以在旧媒介传播优势基础上对思政话语的传播进行有效补充,形成有效"支援"。在网络新媒介与传统媒介的优势互补中,既发挥新媒介在话语传播方面的时效性、动态化、互动性、海量性、共享性、超文本性等优势,又保有传统媒介的权威性、严谨性、深刻性,实现二者在思政课教学中的完美对接和融合联动。

"工欲善其事,必先利其器。"伴随网络新媒介的层出不穷以及其在人们日常生活交流中的逐渐普及,媒介信息对个体思想观点的影响愈发深刻而广泛。高校思政课教学语言艺术水平的提升借力新媒介平台是顺应时代发展的应然之举,也是实现传统思政课教学语言的传播优势与新时代新话语传播媒介之传播优势的有机融合,是增强当下思政课教学语言的时代感、动态感和画面感的必然之举。因而对思政授课者而言,要学会"两手抓、两手都要硬",既要认识到网络智媒在思想政治教育话语传播中的可利用优势,因事而化、因时而进、因势而新,接受话语传播生态的革命性变革,主动迎合时代技术进步,提升思想政治教育话语在智媒平台的影响力和引导力,提升自身的媒介运用能力和媒介素养;同时也应明晰虚拟教育手段并非包治百病的"灵丹妙药",也非一劳永逸的普适良策,现实教育手段与虚拟教育手段、网络新媒介与传统媒介各有优缺点,不可相互取代。

---

① 习近平. 习近平谈治国理政(第二卷)[M]. 北京:外文出版社,2017:378.
② 习近平. 论党的宣传思想工作[M]. 北京:中央文献出版社,2020:354.

(七)下沉权利,力臻说"平等话""互动话""圈内话"

教学的实质是沟通与对话。习近平总书记多次强调要发挥学生在教育过程中的主体性作用,"加大对学生的认知规律和接受特点的研究,发挥学生的主体性作用,引导学生发现问题、分析问题、思考问题,在不断启发中让学生水到渠成得出结论"[①]。在现实的高校思政课教学过程中,诸多思政课教师采取的教条式、灌输式的语言表达风格未充分重视大学生的主体地位,在一定程度上压制了大学生的话语自主性和话语表达欲望,造成语言权利的不对等,长此以往大学生往往会因自身话语权利的压制而降低对教师教学话语的信任感和期待值,甚至对教师言说的主流意识形态话语产生反感、抵触等情绪。因而亟待深思:高校思政课教师应以何种姿态面对大学生?与大学生之间应建立何种话语关系?

哈贝马斯曾对"理想的话语环境"做出界定,即"话语参与者均有同等的权利,都可以随时发表任何意见,提出质疑或反驳质疑"[②]。现代社会个体自主意识的挺立和主体人格的觉醒对平等话语权的渴望,思想的多样化和丰富化对多元话语言说的要求,大学生的积极反馈和正面评价对思政课教师提升语言艺术水平和课堂实效的裨益作用以及全媒体时兴下多主体、多中心、去权威化的新话语传播生态都要求高校思政课教学话语权利向大学生下沉和释放。这要求高校思政课教师在教学过程中"俯下身来",力臻说"平等话""互动话""圈内话",赋权并尊重大学生在思政课堂上的话语主体地位。

那么如何做到说"平等话""互动话""圈内话"?如何真正落实大学生在思政课堂上的话语主体地位?

首先,将传统语言表达风格下绝对的话语主客体关系变革为主体间性关系,以教师为主导、学生为主体,通过师生共享课堂话语权实现师生间说"平等话"。这要求高校思政课教师改变传统"居高临下"的话语气势和"一元管控"的话语格局,自觉主动地放下理论训导者的高姿态,有计划、有步骤地消减课堂话语强权和话语独霸,秉持主体间性思维来重塑话语主体与话语受众之

---

① 习近平. 思政课是落实立德树人根本任务的关键课程[M]. 北京:人民出版社,2020:22.
② 章国锋. 关于一个公正世界的"乌托邦"构想:解读哈贝马斯《交往行为理论》[M]. 济南:山东人民出版社,2001:152.

第四章　高校思想政治理论课教学语言艺术水平的提升策略和价值目标

间的关系，从话语主导者向话语引导者转变，归还大学生的课堂话语权，形塑"一元主导，多元主体"的话语关系格局。具体表现为在开展课堂教学过程中，时刻秉持"以生为本"的理念来开展话语言说，将大学生置于话语传递链条中的核心地位，考量大学生的话语感受力、理解力开展话语言说，根据大学生的话语期待、话语诉求、话语反馈作为话语调整的标准。力臻做到"以朋友的身份设定、平等的话语姿态、探讨的话语方式、长者的观察视角及学者的话语底蕴，与大学生进行深度交流，通过构建一种温情活泼、灵动善融的'话语场域'，使话语表达因充满情意而使学生听得进去、想得明白"[①]。

其次，在课堂上多开展对话交流，多说"互动话"。《巴赫金对话理论》中提出："存在就意味进行对话的交际。"[②]对话式表达可有效提升师生关系的协同度，让教师与学生更容易形成一致的语言节奏。思政课的大道理和正确结论有些需要直截了当地抛给学生，通过语言的"斩钉截铁"传递一种言说道理的毋庸置疑之感；而有些理论则需要在语言的循循善诱中水到渠成地得出结论甚至需要学生的自觉参悟才能起到教育实效。这就要求思政课的教学不能仅从结论到结论，不应是教育者的单边言说和独唱舞台，更需要保持与受教者之间对话链的畅通性和连续性。在与学生一言一语的问答、交谈、辩论、研讨中，将教育者"想讲的"与受教育者"想听的"贯通起来，实现言说者与话语受众的共享性表达。

师生之间的语言互动可以在教师与全体大学生之间展开，也可以在教师与部分学生间、教师与单个学生间展开。实际上，与其让话语满堂灌，反其道而行之未尝不可，设置"话语留白"，适时留出话语听众的话语言说空间，反而能唤醒话语听众的言说意欲和话语兴趣。特别是对一些具有较强思考性、启迪性的知识点，与其重墨浓彩，不如轻描淡写，留给学生更大的思考空间和话语空间，在思考中加以适当引导。这里的"话语留白"，并不是对话语受众关注热点和思想困惑的漠视，而是意在激发受教育者话语表达的诉求。教师可有意识地在话语留白中精心设计"话语疑问"，多结合社会热点、理论知

---

① 尹晓敏."有知有味"：高校思想政治理论课话语赋能的双重向度[J].浙江树人大学学报（人文社会科学版），2019(06)：108.

② 巴赫金.陀思妥耶夫斯基诗学问题[M].白春仁，等，译.北京：三联书店，1988：343.

识点、学生的思想疑惑点设计开放性题目，对问题设置不同的话语角度引导学生自主思考、开展探讨和辩论，将理论困惑置于生生、师生话语的一问一答间，通过话语的前提性追问逐渐明理，不囿于答案的"唯一性""正确性"，而是意在启发学生自主思考、拓展思考、多维思考、深入思考，水到渠成地得出结论。在这一过程中，教师更多地扮演意见交换者、探讨参与者、思想引导者的角色，而不是直接把结论抛给学生强制其认同。此外，还可通过案例探讨、小组对话、开展辩论、换位思考等多种方式开展对话式教学，真正激发学生的话语勇气和话语热情，规避互动交流的形式化和虚假化。

最后，尝试说"圈内话"，打通大学生语言圈层的融入渠道，实现主流话语的跨圈层传播。教师应贴近学生，了解大学生感兴趣的圈层，适当借鉴大学生的"圈内话"穿插在思政课知识的讲解过程中，吸引大学生对思政课教学语言的自觉关注，从而将思想政治教育话语圈子打造成为大学生情感投射的话语圈层。同时，让思政话语尝试打入大学生感兴趣的圈层内部，在圈层内部多言说爱党爱国的主流话语和积极向上的正向语言，引导营造正面的话语氛围。实质上，无论是思政话语圈层对其他圈层的话语借鉴，还是思政话语圈层向其他话语圈层的话语渗透，都是为了在"共同话语"范式的构建中实现主流话语的破壁出圈。主流意识形态话语溢出原本归属的言说圈层，破除了话语壁垒而在不同的话语圈层间扩散传播，实现了话语圈层的融入和话语场域的共驻。在不同圈层话语的交互融合中，不能为了圈层的融入而放弃"自主权"抑或说自身圈层话语的基本立场。对思政课教学语言而言，不能为了迎合大学生的话语圈层而放弃主流意识形态话语基本的政治立场和话语原则。也就是说，既要言语生动、话语破壁，也要立场坚定、坚守道路。

"平等话""互动话""圈内话"的背后是话语主体与话语受众对自身在话语言说中的角色定位的明晰。思政课教师从话语输出者的单一身份向话语输出者与倾听者兼具的双重身份过渡；大学生从被动的话语接受者、倾听者的单一身份向话语输出者与倾听者兼具的双重身份过渡；教学语言模式从单向灌输式、控制式向双向交互式、引导式转变。倡导对话式的语言表达方式，不仅在于此种方式能更深层次地激发受教育者的积极性，还在于此种方式能通过交流互动在无形中给予受教育者更多的情感触动、灵感激发和思想启迪，因而转变的不仅仅是教育者、受教育者的语言主客体身份和语言传递的方式，更重要的意义在于构建了教育者与受教育者之间互联、互通、互动的双向话语空间。

近些年高校思政课教学改革开展得如火如荼，对传统教育者与受教育者主客二分的教育关系的诘问和批判层出不穷，对主体间性教育关系的呼吁和倡导不绝于耳，但实事求是地讲，声势浩大但成效甚微。一方面，教育者与受教育者之间的代际鸿沟影响二者的话语通达。教育者与受教育者除了年龄阶层、人生阶段、认知水平等方面的差异外，还在教育具体展开过程中的地位角色、目标指向、责任使命等方面存在差异，故而二者的对话和协同机制构建充满挑战；另一方面，受限于资金、政策支持、教师教育理念、学生配合度等多因素制约，使得教育者与受教育者的"共话"困难重重，受教育者的话语权往往最终流于虚化或形式。大多数高校思政课堂之上，教育者仍然占据绝对的话语权威和主导地位，话语空间仍旧是单向度、封闭式的。教育者"一元独白""自说自话""自言自语""自我陶醉"而受教育者"默不作声"的现象并不少见。相较于其他学科，思政课课堂的"低头族""手机族""沉默的大多数"现象仍较为普遍，在此方面的改革仍需大力推进。

（八）打造意境，不忘说"有节奏""有氛围""有温情"的话

对高校思政课教学而言，语言节奏、语言氛围、语言温情都是化解思政课大道理的抽象性、学理性和政治严肃性的一剂良药。如何让思政课的大道理言说有节奏感、氛围感、温情感？

首先，把握语言节奏和声调，增强语言起伏性和层次性，形成语言"共振"。在高校思政课教学过程中，如果教师的语言节奏过快，话语输出超出大学生的话语接受度，则容易产生话语聒噪感、强制感、压迫感和大学生对话语内容的"囫囵吞枣"；如果教师的语言节奏过慢，话语输出无法跟随大学生的话语期待和话语消化能力，则容易让大学生产生"昏昏欲睡"的话语疲倦感、无趣感，消减大学生对教师话语能力的信任；如果教师的语言一味高亢，易给大学生造成"假大空""喊口号"的印象；如果教师的语言太过严肃，易造成课堂气氛的沉闷和压抑。只有以快慢适中的语速、高低起伏的声调、抑扬顿挫的语调方可形成语言的错落有致，在把握语言节奏中突出语言层次，彰显语言重难点。只有教学语言跟随教学内容需要时而铿锵有力、时而娓娓道来、时而低沉凝重、时而高亢愤慨，通过语言强弱得当、高低跳跃、张弛有度，让大学生的思想情绪也跟随语言跌宕起伏，才能产生曲终而意犹未尽、回味良久的沉溺式语言效果。

其次，烘托语言氛围，增强语言体验感和代入感，形成语言"共境"。语言氛围的打造，是借语言来营造某种情感意境，有意识地引导和烘托某种共识性思想倾向的达成。语言意境对要言说的事件能产生很好的还原和复刻效应，让听者更有身临其境之感。这种话语的临场感能极大地增强语言的渲染力和感召力。具体到如何打造思政课堂语言氛围，可从以下几个方面着力。第一，可开展场景营造式讲解，给受教育者创设一定的限定语境，进行角色扮演、场景训练，通过场景体验式表达，渲染栩栩如生、如临其境的话语生成场域和活灵活现的语言内容，让大学生如临其境。此种场景记忆可有效增强受教育者对语言内容的感受力和对相关知识点的记忆力。例如，讲解抗疫故事、抗疫精神时可组织学生发掘和讲述身边令人感动的抗疫故事，或拍摄讲解抗疫感人故事的微视频，亦可利用课堂小活动开展应对重大突发公共事件的实践活动，或组织学生模拟一线抗疫人员的工作场景，以情景体验的方式引导大学生感受医务人员在抗疫过程中的辛苦付出等，引导学生从抗疫故事"倾听者"向抗疫精神"传递者"的角色转变。第二，可通过交代话语生产的时代语境和空间逻辑，召唤听者的话语好奇，主动求索话语背后的文化背景、本质缘由、价值归宿和实践指向等。例如讲解马克思主义思想观点时可简单介绍马克思酝酿得出这一思想的现实语境，从当时资本主义制度下生产资料私有制与社会大生产无法克服的内在矛盾、无产阶级的异化劳动和异化生活等方面的介绍展开，通过语境的诠释和烘托让大学生更好地理解共产主义思想产生的历史必然性和价值指向。第三，在涉及不良社会思潮、颜色革命等方面的讲解时，可在课堂上营造思想激荡、言说自由、敢于亮剑、批评争鸣的探讨性、学理化、思辨性话语表达氛围，激发大学生的话语勇气。在"你一言我一语"的对话和辩论中适当给予引导，形塑"柳暗花明又一村"的"拨云见雾"的话语良效。第四，借助智能媒体打造直观化的语言氛围。例如，借助VR技术还原革命战争场景，身临其境地感受革命先辈披荆斩棘、浴血奋战的战争场景；通过媒体直播技术，对校园文化等思想政治教育实践活动实时转播，通过场景营造在无形中增强大学生的实践体验和参与感。

最后，烘托语言情感，实现语言刚柔相济、情理兼施，形成语言"共情"。感人心者，莫先乎情。尽管思政课教学语言力求严肃严谨，但仍可以适当讲一些细腻、生动、温情的话语，将说理与陈情贯通起来，以话语的柔性力量将思政课教学语言的政治理性叙事感性化，以情感因素的助力作用让政治语言既具思想凝聚力，更具价值引导力。这里需要做到的是：第一，以"真情话"感染学生，以"心坎话"拉近学生，助力学生更好地感受语意。思政课堂上的情感表达并非指教育者一定要采用爱憎褒贬十分鲜明的语言表述，语言情感意境的打造是说理基础上的陈情，要求话语情理兼施、刚柔相济，做到既以理服人，也以情动人。这里不仅涉及话语生产、语言加工与知识塑造、思想传递之间关系如何打通的问题，还涉及知识传授与情感共鸣如何耦合的问题。语言的说理性与情感度并不相悖，而是相辅相成、相互成就的。思想与情感紧密融合，有情感渗透的思想更具有震撼心灵的艺术魅力；情感性同样离不开思想性，没有思想的情感只能沦为空洞的纯粹煽情，情感也只有在思想的指引下才能形塑其某种稳定的政治情感倾向和政治意志。因而这里所说的说理与述情的耦合，既非满堂的理论思辨，也非从头至尾的温情话语，所谓情感的饱满并不意味着一味追求情感效果的情感鼓吹、情感宣泄，而是融合学理性与体验性于一体，从话语高度与话语温度双维度展开的话语言说，从而使教学话语不会因过于晦涩而难以通达，也不会因严谨不足而丧失权威。也就是说，以感性话语柔化理性知识，以理性知识主导话语情感基调，将理说透、将情释放，既融情于理，又缘情察理，实现感性话语的"陈情"与理性话语的"说理"完美耦合，让语言既有信度又有温度。一言以蔽之，思政课教学语言既要"动之以情"，也要"晓之以理"，既要说"有理有据"的话，也要说"有情有义"的话，臻于"达理动情"之境。第二，不仅对言说对象保有情感，对自身的言语内容和育人工作也要热爱，话语中应自然彰显对马克思列宁主义理论科学性的坚定和对共产主义理想信念的恪守，自然彰显对育人工作的深情和对学生关怀的温情。第三，语言情感的营造需深深扎根于社会，立足于社会生活、社会事件、社会人物、社会发展的方方面面，应是基于社会事实基础之上的情感流露。教育者在这一过程中更重要的是找准大学生的情感生成点适时引导和升华，而不应一味地沉溺于单纯情感层面的煽动或鼓动。任何无法扎根于现实的单纯语言鼓动除了感动自我外，并不能打通与受教育者之间的情感通道，反而易给受教者空洞、虚假、造作之感。第四，通过语言艺术打通师生间的"情感场"。对大学生在课堂上流露出的话语消极态度或抵触情绪，不盲目批评，而是在了解缘由的基础上多开展话语引导，从提升教学语言艺术水平入手寻找突破口；对大学生在课堂上流露出的话语兴趣和期待，积极、即时做出回应，从而建立彼此间的话语通达和情感信任。

三、高校思政课教学语言艺术水平的提升目标和价值旨归

（一）提升目标：打造高校思政课教学语言的艺术特色

高校思政教学语言艺术提出的直接动因是改革当下高校思政课"满堂灌"的教学语言表达风格，力求从整体上提升高校思政课教学的语言表达技巧和高校思政课教学的话语效能。在提升语言表达技巧和能力的基础上，高校思政课教学语言艺术还意蕴更高层次的目标要求，即打造高校思政课教学语言别具一格、富有特色的表达艺术，彰显高校思政课教学的语言优势，形塑既具有学科特色、更具有中国特色的教学语言艺术风格，形成我国高校思政课教学语言艺术的"金字招牌"。

这一价值目标的确立因何而来？又如何打造高校思政课教学语言的艺术特色？根据习近平总书记的讲话精神，"要按照立足中国、借鉴国外，挖掘历史、把握当代，关怀人类、面向未来的思路，着力构建中国特色哲学社会科学，在指导思想、学科体系、学术体系、话语体系等方面充分体现中国特色、中国风格、中国气派"[①]。对思政学科及其话语的发展而言，亦需要遵循"不忘本来、吸收外来、面向未来"的原则，挖掘中华传统文化中丰富的话语资源，学习国外公民教育宣传表达之优长，立足中国特色社会主义的发展需要讲好"中国故事"、诉说"中国道理"、传授"中国理论"，打造出中国特色社会主义思政课语言艺术的中国特色、中国风格、中国气派。

---

① 习近平. 习近平谈治国理政(第二卷)[M]. 北京：外文出版社，2017：338.

第四章　高校思想政治理论课教学语言艺术水平的提升策略和价值目标

"有什么样的文化,便有什么样的语言符号系统,语言同概念(语义内容)的组合也不是绝对完全任意、偶然的,而是一定的民族文化选择的结果。"①我国思想政治教育话语体系的产生有着深刻的历史根基和文化积淀。"不忘本来"首先要求深刻认识灌输式、劝诫式、说教式的传统思政课教学语言风格的历史合理性和现代意义。其次,要求认识到传统的语言表达方式与现代语言表达方式之间乃相辅相成,而非绝对不相容的二元对立的关系。二者都作为一种语言表达的中介和工具,其最终落脚点都在于思想政治教育知识的传递实效性。任何有益于思想政治教育话语传递的表达方式都可以也理应拿来为思政课教学语言艺术的形塑助益。再次,要注重传统文化对高校思政课教学语言表达的思想浸润,实现中华优秀传统文化与思想政治教育话语资源的整合提炼,更好地言说传统教化理论、革命传统故事、爱国主义事迹等。最后,加强有关思政课话语相关问题的元理论探究和历史发展追溯,以学理探究为高校思政课教学语言艺术的形塑提供理论支撑和遵循。

形塑我国思想政治教育话语的中国特色、中国风格、中国气派,不仅是对质疑、曲解、黑化中国的诸种话语的有力驳斥,也是有理、有利、有节地向世界宣介中国理论、中国精神、中国风采的途径和窗口。中国话语要发挥世界影响,离不开世界眼光的树立。这要求秉持"吸收外来"的谦虚好学的态度立场,积极借鉴世界发展的优秀文明成果,同时注重处理好中国特色的政治语言体系与西方政治语言体系之间的关系。不同国家的历史传统、文化积淀、现实发展决定了社会发展道路、核心价值观念、主流意识形态的异质性,由此也形塑了不同国家政治语言的特色。对当下西方世界的政治模式、宣传语言和话语习惯,直接的"拿来主义"恐会"水土不服",合理地吸收借鉴同样适用于中国国情和社会现实、能助益于我国主流话语宣传和主流意识形态建设的部分并适时推进其中国化,方为良策。"既不能封闭僵化,也不能放任西方霸权话语主导的'高谈阔论''指指点点','决不因各种杂音噪音而改弦更张'。因此,关键在于重视人民话语,重视'他者'视野,提炼融通古今中外的

---

① 杨敏. 话语的社会性与政治性阐释[M]. 北京:光明日报出版社,2015:1.

学术概念与范畴,'古为今用、洋为中用',博采众长,成'一家之言'。"①人们对思想文化的需求是多元的、多层次的,也是不断变化发展的,这决定了思想政治教育的话语表达需要不断探索、革新,在立足实践、积累经验、总结凝练的基础上提出新概念、新范畴、新表述,以适应多元化、差异化、分众化的话语需求,形成全方位、立体式的意识形态话语传播格局。习近平总书记十分关注话语体系建设,反复强调应在更好地承继和更多地言说具有中国特色的政治话语的同时,不断打造和创新更多具有中国特色的政治话语,提出"要善于提炼标识性概念,打造易于为国际社会所理解和接受的新概念、新范畴、新表述,引导国际学术界展开研究和讨论"②;"要加快构建中国话语和中国叙事体系,用中国理论阐释中国实践,用中国实践升华中国理论,打造融通中外的新概念、新范畴、新表述,更加充分、更加鲜明地展现中国故事及其背后的思想力量和精神力量"③。从简单化、通俗化、口号化的宣传标语,到系统化、学科化的话语体系,再到立足中国、放眼世界、面向未来的思想政治教育话语特色,是高校思政课教学语言的发展脉络。深刻体会历史发展大势和现实发展逻辑、深切关怀人类前途命运和未来发展道路,提炼出彰显中国特色、世界眼光和未来发展趋势的标识性话语,打造中国意识形态话语的独特叙事方式是思想政治教育话语的历史使命和责任担当。

归根到底,形塑高校思政课语言表达的中国特色、中国风格、中国气派,是为了更好地用"中国话语"讲清"中国道理"、讲好"中国故事"。习近平总书记曾说:"在解读中国实践、构建中国理论上,我们应该最有发言权,但实际上我国哲学社会科学在国际上的声音还比较小,还处于有理说不出、说了传不开的境地。"④从制度到道路,从 GDP 的增长到综合国力的全面提升,从发展现状到未来趋势,从顶层设计到细节落实,都彰显出中国式现代化建设的历史性成绩和历史性变革,见证着中国特色的优势和中国做法的智慧。在中

---

① 胡刚. 人工智能与高校思想政治教育话语权建构的融合创新研究[J]. 黑龙江高教研究,2021(12):97.
② 习近平. 习近平谈治国理政(第二卷)[M]. 北京:外文出版社,2017:346.
③ 习近平. 习近平谈治国理政(第四卷)[M]. 北京:外文出版社,2022:317.
④ 习近平. 习近平谈治国理政(第二卷)[M]. 北京:外文出版社,2017:346.

国"硬实力"得到世界认可的同时,将这些中国优势、中国成绩、中国智慧、中国力量上升到理论高度,传播好中国故事、中国声音,是提升"软实力"的必然之举。"我们有本事做好中国的事情,还没有本事讲好中国的故事?我们应该有这个信心!"[1]回望历史,立足"大历史观"的宏观视野讲清党和人民选择马克思主义的来龙去脉,讲清中国特色社会主义道路如何符合中国发展的现实国情和社会历史阶段化发展演进的规律;放眼世界,在中外比较的国际视野中讲清中国特色社会主义制度"特"在哪里,"好"在何处;展望未来,秉持过程性思维看待改革开放涌现的发展难题,讲清现代化推进的时代必然性、社会主义的未来前景以及人类命运共同体的大势所向。将马克思主义的理论优势和中国特色社会主义的发展优势转化为高校思政课的教学语言优势。讲好"复兴故事",引导大学生自觉将自我发展的"个人梦"与国家富强、民族振兴、人民幸福的"国家梦"有机耦合。讲好"革命故事""英雄故事""改革故事""创新故事"……立足中国国情和社会发展现状,言说重大发展问题和现实问题,聚焦与我国综合国力和国际影响力相匹配的理论命题和学术话语,凝练彰显中国特色、中国立场、中国智慧、中国力量的新话语,在语言表达层面深化高校思政课教学语言与中国现实的耦合,打造高校思政课语言艺术的中国特色、中国风格、中国气派。

用"中国话语"讲清"中国道理"、讲好"中国故事"就是要站稳"中国立场",厚植"中国自信",以特色形塑风格,以特色彰显艺术。在这一过程中要注重处理好各种话语间的关系,包括中国传统话语与现代话语,中国政治话语与西方社会思潮,马克思主义经典话语与中国化话语,教学话语与网络话语、弹幕话语,思政课话语与其他课程话语间的关系等。

(二)价值旨归:使人作为人而成为人

"德育行为实践活动所面对和作用的直接对象首先是个体的人,而不是社会。"[2]思想政治教育本身是对"人"开展的教育形式,是教化人成为人的教育形式,因而其"属人"特性、"育人"作用、"成人"旨归是毋庸置疑、不证自

---

[1] 习近平.论党的宣传思想工作[M].北京:中央文献出版社,2020:121.
[2] 张澍军.德育哲学引论[M].北京:中国社会科学出版社,2008:198.

明的。

　　思想政治教育对人的具体引导作用，既表现在将现存社会的主流意识思想传递给人，引导其思想行为的社会化、政治化和文明化，使人成为会思考、知廉耻、明是非的"社会人""文明人"；也表现在通过对人的思想观念、政治取向、道德品格的规训和匡正，牵引人们超越自我实现提升，追求更高的思想境界和道德人格，从而不断拓展人生意义，提高生命境界。当人直面思想疑惑、生活困境和发展桎梏时，能秉持觉醒、批判、反思、超拔的意识，积极思考自我的存在、自我的生活状态、自我的理想目标，指引人不断向前、向上、向阳；当处理棘手的人事物问题时，能秉持"推己及人"的道德品格，积极反向思考和换位思考，指引人谦卑、慎独，成为彬彬有礼的"君子"。也就是说，思想政治教育"教化人们基于现实，对'既存的我''现在的我'展开否定、批判和反思，扬弃自我的存在和发展的片面性，积极体悟和探寻自身生命存在的更大意义和更高价值，臻于最合乎人性的理想存在状态。它的最终旨趣在于人性的完满和生命存在的意义，在于引领人的自我完善和提升，在于使人作为人而真正地成为人，获得自己、成为自己、发展自己、过着人一样的生活"①。张耀灿先生曾如此定义思想政治教育，他说："思想政治教育是人的一种活动方式，是人的思想道德素质获得发展的方式，是人通过这种独特的活动方式来追求自己的价值理想的目的性活动。"②使人作为人而成为人，成为有思想、有品格、有素养的高尚的人、理想的人、真正的人正是思想政治教育的终极关怀和价值诉求。

　　立足思想政治教育"使人之为人"的价值旨归层面，思政课堂既是一种知识型课堂，更应是一种认知型课堂和价值型课堂，是引人入道、启人心智、育人德行、铸魂育人的"灵魂课程"。它以拯救大学生的精神危机、看护大学生的精神家园、涵养大学生的精神气节为目标。这要求思政课的话语空间必须是正向的、积极的、良善的、正义的、纯净的，要求思政课教学语言引导人实现对现实世界的精神超拔，摆脱各种异己力量的束缚，臻于真正的自由

---

① 孟婷．"自由个性"思想视域下思想政治教育的终极关怀问题研究[D]．长春：东北师范大学，2018：66．
② 张耀灿，等．思想政治教育学前沿[M]．北京：人民出版社，2006：311．

第四章　高校思想政治理论课教学语言艺术水平的提升策略和价值目标

个性。这是思想政治教育的价值旨趣决定下的话语言说理应坚持的方向性和原则性问题。由此,在思政课教学语言的言说过程中,不能"为用而用",要规避将思政课语言仅作为意识形态宣传的中介和工具,规避将思想课教学语言艺术的构建直接定义为一项策略性任务,而是既要重视思想政治教育语言的工具理性,满足受教者对其意识形态功用的期待,也勿忘思政课语言的内涵指向和价值指向,勿忘话语中蕴含的精神品格提升和价值理性关照。在日常的高校思政课教学过程中,思政课教学语言时常被教条化、机械化,其言语重点时常放在教化大学生牢记相关的知识条目,而在一定程度上漠视个体的话语权,阻滞个体的话语传播,忽视对个体的价值观照。高校思政课培育的时代新人不应是只会机械记忆政治教条而没有思考、人格和灵魂的工具人、机器人、单向度人,而应是有理想、有道德、有思想,既有自我也有大我的"活生生的人""现实的个人""真正的人"。

提升高校思政课教学语言艺术水平来凸显思想政治教育浓郁的人文意蕴和人文关怀,其作用原理在于通过思政课教师与所授班级的学生达成某种潜在的语言共识,主要是对教师教学语言方式和风格的共同认可,在此基础上实现二者之间思想共识的达成和价值归宿的同构。语言表达的艺术化让大学生对教师话语从了解、理解到认同,从入耳、入脑到入心,按照思政课教师意指的意义轨道产生认知和认同,由此实现教师和学生间的价值匹配和同频共振。"对于话语实质的认识和理解应该是一致的,有共同认可的话语形式、风格,存在感召性政治话语表述与价值劝说、理解接受的内在统一,他们在意义世界的构建过程中能达成符号系统交换与价值认知灌输的理想成效。"[1]

此种价值引领的效果并不求立竿见影,而多伴随大学生"三观"的不断成熟,在人生的漫长历程中发挥无形的、隐蔽的且持久的作用。例如,当学生沉陷于虚拟世界的各种肤浅娱乐时猛然记起思政课教师的殷殷教诲,激发其自我觉醒的意识、远离肤浅的勇气,在自我超拔中实现思想道德境界的提升;在学生走向工作岗位,以"社会人"的身份直面生活现实时能在苟且与远方、

---

[1] 胡刚. 人工智能与高校思想政治教育话语权建构的融合创新研究[J]. 黑龙江高教研究,2021(12):97.

世俗与理想的两难选择面前记得思政课教师讲的"人生大道理",自觉将个人梦想与国家富强、民族振兴的大梦想结合,在直面人生选择和困境时能审慎思考、合理安排、不违道义,成为对自我、对国家、对社会无愧的一代新人。

　　作为上层建筑的部分,工具性、意识形态性、政治性是阶级社会思想政治教育必然凸显的特色。但思想政治教育同时亦是"完善人及其生存方式的一种实践活动"①,这是思想政治教育自人类社会诞生就被赋予的使命。② 这里,并非否认意识形态性在阶级社会思想政治教育中的主导地位,也不是以价值论目的否定工具性意义,而是针对在新的时代环境和要求下工具性形态仍在某些方面痕迹过重甚至出现了阻碍人的个性发展的情况,旨在探寻思想政治教育工具性与价值性的动态平衡,力求思想政治教育跟随时代脚步以更加生动形象、更具吸引力的方式达成化人的旨归。③ 对高校思政课语言艺术而言,既要达成工具实效,通过高校思政课教学语言的话语优势和语言特色,更好地实现对教育者言说的主流意识形态话语的宣传;同时也力求完成价值指向,即使人作为人、成为人,成为有理想、有道德、有思想、有灵魂的"真正的人"。

四、高校思政课教学语言艺术水平提升的注意事项

(一)"一与多"统一的语言艺术风格

　　艺术的独特之处在于强烈的个性风格和创新色彩,千篇一律是无法彰显艺术美的。教学语言艺术是教师在课堂上传道授业解惑的语言艺术实践活动,也具有强烈的自主操控性和个体化风格,是教师富有自我特色的创造性语言表达。其中不仅渗透和内蕴着教师对教育内容的自我解读和自我诠释,还受到教师自身话语表达风格和个性特点的影响。故而,提升高校思政课教学语言艺术水平,构建特色化的高校思政课教学语言艺术风格亦非形塑一模一样

---

　　① 陈秉公.论思想政治教育的"一体化二重性"范式——兼论思想政治教育研究从"二元论"思维向"二重性"思维转换[J].教学与研究,2016(8):55.
　　② 孟婷."自由个性"思想视域下思想政治教育的终极关怀问题研究[D].长春:东北师范大学,2018:69.
　　③ 孟婷."自由个性"思想视域下思想政治教育的终极关怀问题研究[D].长春:东北师范大学,2018:71.

的新话语模板，而是在对高校思政课教学语言艺术重要性的自觉认知的基础上，高校思政课教师有意识地对传统思政课语言表达风格开展革新，通过多种语言技巧的综合巧妙运用，更有效地表达和传递中国故事、中国精神。

高校思政课教学语言艺术水平的提升要求教育者摒弃固化的单一话语形态，特别是不固守传统的说教式、灌输式语言表达风格，而是创新语言表达的多元性，向多维立体的教学语言表达方式转变。也就是立足思想政治教育规律、大学生思想政治品格形成发展规律和不同类教学语言内容的差异，合理整合和科学运用多种教学语言表达的方式技巧，打出"话语组合拳"。可通过"说理述情""比喻引用"等讲解式表达，"数据说话""案例说话""现实举例"等论证式表达，"探究探讨""议题批判"等论辩式、批判式表达，也可通过"图片展示""视频辅助"等可视化表达，采取多样化语言表达，注重多元语言技巧的综合施策、有机融合。

高校思政课教学语言艺术是一与多统一、共性与个性兼顾的艺术形式。一方面，高校思政课教学语言的创造性表达是统一共识；另一方面，高校思政课教学语言的艺术表达不可避免地烙印着教育者自我的语言特色和语言魅力，因而不同的高校思政课教师构建起的教学语言艺术风格又异彩纷呈、千姿百态，呈现出风格差异。在这个意义上，每个思政课教师的教学语言艺术都具有鲜明的个性化特征，教学语言艺术风格都独树一帜，甚至不同的思政课教师其教学语言风格和教学效果截然不同。

(二)"变与不变"的语言艺术信条

高校思政课教学语言艺术的运用不是僵化的、教条的，不是任何时间、任何知识点都要将多种语言表达技巧并用，也不是每一个较为抽象的概念都需要转义成"大白话""有趣话"，也并非整堂课程都需要煽情、营造政治情感氛围等。高校思政课教学语言艺术的真正含义是：在注重语言的创造性表达的基础上"具体问题具体分析"，做到"话随境迁"。这需要高校思政课教师自觉的话语转换意识和较高的话语转换能力。话语的转换无非两种，一种是不同类型的话语转换，另一种是不同内容的话语转换。根据思想政治教育话语的不同类型，高校思政课教学语言的转换集中表现于学理话语的通俗化、抽象话语的生动化、书面话语的趣味化、文本话语的口语化、刚性话语的柔性化等。根据思想政治教育话语的不同内容，高校思政课话语的转换又可分成两个层次："一是思想政治教育话语体系内部的转换，即学科话语、学术话语和工作话语之间的转换；二是思想政治教育话语与日常话语的转换，学科话语、学术话语、工作话语等三种不同类型的话语和生活话语之间转换。"[①] 话语的转换是根据不同言说对象、言说内容、言说情境、言说目标等，对言说策略适时调整，以实现有效变通、灵活切换、细微调整，寻找到最优化的语言表达。例如，同一知识点面对的教育对象不同，特别是对不同年级的学生，语言表达需要注重层次性和递进性，语言重点也应有所侧重。在遴选"生活话""大众话"时，应根据不同年级大学生的话语关注和话语期待有针对性地开展言说：大一年级侧重言说对新生活的适应，大四年级侧重言说考研就业等方面的事例等。而教育者语言的灵活性和多样化反过来也要求话语受众提升自身对不同话语的感受力和理解力。在这里，"不变"的是高校思政课教学语言创造性表达的艺术信条；"变"的是具体言说过程中根据不同言说对象、言说内容、言说情境、言说目标适时调整言说策略，做到"具体问题具体分析"。这是高校思政课"变"与"不变"的教学语言艺术信条的第一个方面。

高校思政课教学语言艺术是教育者对教材内容全面系统掌握基础上的创造性言说，它并非一套静态的、固化的话语体系，也不能用局部的、单向度的视角将其不断动态完善的过程僵化、封闭化。从高校思政课建设的总体布局来看，它会跟随思政课程建设和改革的走向不断调整；从时代更替和社会演进的历程来看，不同时代需要不同的言说，也创生出不同的时代语言，要求语言表达的更迭翻新；从大学生思想政治品格的发展来看，思想愈发独立、性格愈发个性化、政治参与意识赓续提升等都对大学生良好思想政治品格的养成提出新要求，也对高校思政课教学语言表达的实效性提出更高要求。在此意义上，高校思政课教学语言艺术的形塑并非一成不变、一劳永逸的，它始终处于不断调整优化的"变化"之中。对思政课教学语言艺术要用辩证动态的过程性思维来解读。在这里，"不变"的是对高校思政课教学语言艺术的重

[①] 刘伟. 论高校思想政治工作者话语转换能力及其构建[J]. 思想政治教育研究，2022(02)：129.

第四章　高校思想政治理论课教学语言艺术水平的提升策略和价值目标

视和自觉秉持,"变"的是高校思政课教学语言跟随思政课改革、时代变迁、大学生思想政治品格的变化等而不断充盈完善。这是高校思政课"变"与"不变"的教学语言艺术信条的第二个方面。

高校思政课"变"与"不变"的教学语言艺术信条的第三个表现方面是:无论采取何种语言表达方式,都需要始终站稳思想政治教育的学科立场和价值旨归,铸牢思政课教学语言在意识形态传达层面的"根"与"魂"。高校思政课作为主流意识形态宣传的主阵地和"立德树人"根本使命的载负者,其教学语言需要时刻围绕党和国家的主流思想展开,勿忘意识形态宣传的使命担当,特别是"在关乎新时代中国特色社会主义理论的若干基本问题上最大限度地统一学生的认知"[①]。在这个意义上,高校思政课任何语言内容的丰富、语言风格的转化、语言模式的调整、语言载体的更新、语言氛围的营造等都是于方法、形式、技巧等层面的"微调",都是为了使受教育者更好地通达主流意识形态内容,而非对语言的核心实质、价值目标等质的层面的彻底变革。在传统高校思政课教学语言表达风格走下"神坛"的改革呼声中,在"以生为本"重塑教学语言关系的过程中,高校思政课教学语言的价值旨归却始终如一。对高校思政课教师而言,要时刻勿忘自身"引路人"的角色定位和使命担当。注重语言的生活化、现实化、开放性、时代性、包容性等策略主张也并不意味着思政课教学话语的随意、无规则、无底线、无边界。相反,对任何类型语言的借鉴和引用都必须是正面的、积极的、明确的、具有教育意义的,是经过教育者的全面把握和扎实论证,确保话语的借鉴既符合客观实际、经得起反复推敲,又能对知识的诠释和价值的引领有所助益。要规避因过于迎合话语受众的猎奇心理而陷入娱乐主义、非理性主义以及各种调侃化、肤浅化的趋"言"附势,从而遗忘了提升人之思想政治素养,实现人之自由全面发展的根本价值旨归。在这里,"变"的是语言内容的充实、语言载体的更新、语言模式的改进、语言氛围的营造等语言各要素的完善和与时俱进;"不变"的是语言的政治立场和价值旨归,不能因"变"而遗忘了"不变"的信条。

---

① 尹晓敏."有知有味":高校思想政治理论课话语赋能的双重向度[J].浙江树人大学学报(人文社会科学版),2019(06):106.

(三)"从两级到中介"的语言艺术思维

高校思政课教学语言艺术问题的提出直指当下高校思政课教学语言艺术不足的现状，聚焦改变当下诸多高校思政课堂只采用说教式、控制式、教条式的"满堂灌"语言表达方式这一现象，为纠偏这种单一的"满堂灌"语言表达方式及其带来的话语表达的生硬性、抽象性、晦涩性、空洞性等，提出通过"真理话""生活话""大众话""流行话""互动话""温情话"等多样话语的耦合和多元话语技巧的运用来构建高校思政课语言表达的艺术美感，进而提升高校思政课教学实效。在纠偏传统高校思政课教学语言表达过程中，不是意在从语言表达的"一个极端"走向"另一个极端"，而是秉持"从两级到中介"的思维方式，尝试在传统高校思政课教学语言表达与现代高校思政课教学语言艺术之间达成"同向同行"，共同致力于语言传递的实效性。例如，在讲解某一政治规范时自然离不开对规范严谨的政治语言的表述，但同时也可适当借用社会案例、生活案例形象化讲解，通过一些生活化、生动性的语言表述在一定程度上柔化政治规范原本话语的生硬性。在讲述某一政治原理时自然无法绕开一些学理性较强的原文，但同时亦可尝试适当穿插一些比喻语、拟人语、类比语等来辅助理解。在讲授某一革命故事、历史事件时，可不拘泥于对事件的机械式平白直述地交代，亦可通过增强话语的情感色彩，抑扬顿挫、声情并茂地还原情境、渲染情感，通过话语的艺术化表达产生沉溺式教学效果。也就是根据不同知识内容灵活处理，做到语言既规范、有章可循，同时又灵活机动、不拘一格、精彩纷呈。

高校思政课教学语言艺术水平的提升并不意味着对传统思政课教学语言风格的全部否定和全然抛弃，而是以高校思政课教学语言艺术水平的提升为着眼点，深入挖掘传统思政课教学语言表达的优长，在不放弃思想政治教育话语本身的严肃性、严谨性、科学性、政治性、权威性等理论品格的同时，从弥补传统语言表达风格的弊端入手，结合新时代发展尝试说"真理话""生活话""大众话""流行话""互动话""温情话"，助益于语言表达趣味性、吸引力、实效性的提升。高校思政课教学语言艺术的形塑要求汲取和发挥不同语言表达风格的优长，针对不同教学内容有意识地运用多种表达技巧，让语言更加立体丰满。

第四章 高校思想政治理论课教学语言艺术水平的提升策略和价值目标

这里必然要解决的问题是思政课教学语言的政治逻辑、抽象逻辑、学理逻辑与生活逻辑、具象逻辑、日常逻辑之间如何兼顾的问题。思政课教学语言的政治逻辑、抽象逻辑、学理逻辑与生活逻辑、具象逻辑、日常逻辑之间看似存在对立冲突，毕竟二者是完全不同特质的话语构建逻辑，但实际上二者并行不悖，彼此兼容。这里亦需要秉持"从两级到中介"的思维方式，在思政课堂上教师既可以用通俗易懂的生活话语诠释抽象的政治概念，化解理论话语的学理性和晦涩性，也可以从生活话语中抽象出理论性的元素升华为具有一定学理性和概括性的政治生活哲理，做到抽象话语与具象话语的灵活运用和转化，形上话语与形下话语的有机结合与互动。如此，既可以确保主流意识形态话语的主导力、控制力，同时也可以提升思政话语的亲和力和温情度。实际上，思政课教学语言的政治逻辑、抽象逻辑、学理逻辑与生活逻辑、具象逻辑、日常逻辑不仅可以兼容，而且可以在很大程度上相互补充、相得益彰。具体表现为官方语言与生活语言、理性语言与感性语言、文本语言与流行语言、虚拟语言与现实语言、抽象语言与形象语言、传统语言与新潮语言、正式语言与温情语言、高雅语言与大众语言、说理语言与探讨语言等之间的相辅相成、耦合补充。最终力臻呈现出来的语言风格既非完全是语言的"刚性"表达，亦非自始至终的"柔性语言"，而是有刚有柔、刚柔并济，有虚有实、虚实结合，有雅有俗、雅俗共享，有论有述、论述结合，有理有情、情理兼容，有古有今、博古通今，有中有外、中外互鉴……

(四)"AI+"赋能的语言艺术趋势

2018年教育部等五部门印发的《教师教育振兴行动计划(2018—2022年)》中明确指出："要充分运用云计算、大数据、虚拟现实、人工智能等新技术，推进教师教育信息化教学服务平台建设和应用，推动以自主、合作、探究为主要特征的教学方式变革。"[①]在智能技术不断精进、日渐嵌入并深刻改变着人们日常生活的时代大背景下，发挥智能技术的最大正能量赋能高校思政课教学语言的针对性和精准度是高校思政课教学语言艺术水平提升的未来趋势。

---

① 教育部等五部门印发《教师教育振兴行动计划(2018—2022年)》实施十大行动建强做优教师教育[J].云南教育视界，2018(05)：11.

第一，智能技术的合理运用可极大助益于高校思政教学改变过去"大水漫灌""滔滔不绝"的言说方式，有效达成语言的"精准滴灌"之效。例如，可借力大数据匹配大学生的思想疑虑，有效解决思政课在现实问题面前的"话语迟滞""话语回避"。大数据可为思政课教学更加精准地挖掘思想痛点、社会热点、理论难点以及掌握大学生的话语困惑点提供便捷，助益思政课教师在主流意识形态框架内针对大学生的思想困惑加以解构，提升大学生的话语期待值，让思政课直面现实，及时言说和应答。第二，话语的传播范围、传播效果、社会反馈等都可以借助智能技术展开。例如，通过网络终端对碎片化、零散化的数据进行汇总分析，掌握话语的传播影响力；还可引入算法和大数据来助力构建长期的、动态的教学语言反馈评价机制，实现教学语言效果的量化和可视化，以便在及时跟踪完善中敦促高校思政课教学语言要素的优化革新。第三，可利用大数据在数据统计方面的优势，通过数据"发声"让言说"有理有据"，有效增强某些思政课知识点讲解的说服力。第四，可通过算法机制关联与思政话语主题相关的多学科、多领域话语，实现对思政话语主题的全维度解析和最优质表达，同时也可提升思政话语在多维话语场域下的话语影响力。

眼下智能技术向人们日常微生活的深度渗透，使其从语言交流互动的工具性属性日渐向负载巨大能力的"权力主体"僭越。由此也使得智能技术的异化问题亟待深思和解决。

把控好智能技术的作用阈限是智能技术赋能高校思政课教学语言艺术水平提升的基本原则和应有之义。智能技术是服务于人之生存和发展的工具，工具理性是其不证自明的本质属性，而其价值理性却需要"人"来赐予。不同的人在不同的动机和目的的驱使下，使用智能技术产生的作用和影响大相径庭。也正是在此意义维度，智能技术既可以成为利国利民的"大国重器"，也可能异化为掩盖真相、制造虚假、损人利己、引发混乱的反社会化工具。因而对智能技术给予"价值性"引导、规避技术异化是首要任务。具体对高校思政课教学语言传递与智能技术的耦合而言，要求一方面在分析掌握算法技术的作用原理和大数据的遴选机制前提下，发挥智能技术优势"为我所用"，助力思政课教学语言的精准发声；另一方面又要破除和超越大数据和算法逻辑下话语传播的圈层化格局,同时赋权算法技术和大数据技术以"价值理性",通过调试、化解、引导其正向发展来规避智能技术产生的种种异化现象和对人的精神腐蚀。例如,在巧妙借鉴和利用微信、微博、抖音等智慧媒体的话语生产和传播优势的基础上,切勿陷入对大数据的技术化依赖,抑或放弃自身的话语特色和话语底线。对高校思政课语言的学科特色和政治底线理应始终恪守,让思政课语言既受智慧图景的影响又不被其束缚和异化。

对国家层面而言,应实时把控好技术开发的"底线原则"和"规范性框架",规避话语生产和语言传播的趋利化。应时刻不放松主流话语在智慧图景中的主导话语权地位,在各类网络智媒的政治立场、议题设置、舆论引导、思想把关、价值强化等方面发挥大方向的把控和规约作用。对高校思政课教学而言,在利用智慧媒体强大的信息传播力、思想渗透力、政治引领力、知识传播力的同时,应提升对网络舆情的把控能力,特别是对舆论危情的预判和疏解能力,降低非主流话语的传播风险。

概言之,既要认清并把握住网络智能的技术革命给高校思政课教学及其语言传递带来的数字化、智能化发展趋势;也要理性看待、合理把控智能技术在赋能高校思政课教学语言艺术水平提升方面的作用阈限。在智能化的话语传播矩阵下,勿忘对主流话语的政治坚守和价值恪守。

(五)"无声似有声"的语言艺术辅助

有些东西无声,却振聋发聩。思政课教师的话语主要通过有声语言展开传递,所以在语言艺术水平提升的具体策略方面主要聚焦有声语言的表达艺术并对其展开了详述,但实际上思政课教师在课堂上的一举一动、一颦一笑都在大学生的观察之中,都是影响教师话语传递效果和话语权威的重要因素。思政课教师的动作语言、目光语言、表情语言等无声语言成为思政课教学有声语言的重要辅助,能起到"无声胜有声"的语言表达效果,在一定程度上影响着教学语言的传递效果,亦不能漠视。

首先,动作语言自然流畅。教学动作是教师授课过程中为增强教学效果而运用的辅助工具。教学动作是否自然流畅不仅直接影响着学生对教师教姿教态的主观印象,也在一定程度上影响着学生对教师话语的理解和把握。时而慷慨激昂、捶胸顿足,时而优雅自信、温文尔雅,跟随教学语言内容恰到好处的"比比划划"能在无形中增强语言的感染力、穿透力。那么高校思政课教师如何更好地运用动作语言？第一，动作语言运用应适度，切忌给学生刻意雕琢、矫揉造作之感。动作语言运用的直接目的是配合有声语言做好语言传递工作，而非单纯地吸引学生注意。教学过程中，不自然的肢体动作不仅不能帮助学生对话语内容进行理解和强化记忆，反而容易转移学生的注意力甚至引起学生的反感。第二，动作语言运用应适时，切忌给学生随意而为、手足无措之感。什么样的话语情境配合什么样的肢体动作，教师都应有所思考和提前准备。例如，邀请学生回答问题时身体微微前倾以表达鼓励；学生回答问题后竖起大拇指"点赞"以表达赞同、赞扬。只有恰当的时机辅以最合时宜的动作，才能最大限度地发挥出动作语言的辅助作用。

其次，目光语言自然流露。眼睛是心灵的窗户，能反映和输出个体喜怒哀乐的思想情感和情绪变化。师生之间目光的接触和交流是二者思想对话的意会方式。高校思政课教师要善于用目光这一无声的教学语言，通过与学生间的"眼神相通"增强教学实效性。高校思政课教师如何运用目光语？第一，教师要读懂学生的"眼神"。在课堂上学生"眼神"中所表现出的或专注或游离、或疑问或豁然、或彷徨或坚定……都是其内心所思所想的外在表现，教师可通过对学生眼神的捕捉和观察来推测他们听课的状况和对知识的掌握程度。第二，教师要善用自己的"眼神"。例如，用关爱的眼神，表达对学生的关注、关心和关爱；用鼓励的眼神，邀请学生主动回应老师、回答问题；用批评的眼神，对"溜号""走神"，甚至违反课堂纪律的学生给予警告，不动声色地将其注意力及时拉回课堂。第三，目光语的运用要适当、适时，懂得适可而止。目光无论是赞许或批评、激动或平和、犀利或柔和都要把握好"度"，以免给大学生虚假感；目光应随时根据言说内容、话语氛围、学生思想情绪的变化等及时调整，以免给大学生呆板感；目光尽量关照全体同时可与部分同学有进一步接触，但与单个学生的眼神交流需要把握好时间和程度，以免给学生压迫感。

最后，表情语言自然得体。表情是个体心理状态的外在彰显，是人内心的思想情绪反映的"晴雨表"。对学生而言，通过对教师面部表情的"察言观色"可了解教师的心理状态和授课状态，进而不自觉地受其影响；对教师而言，面部表情的变化既是个人情绪状态的表达，也是强化教学效果、提升教学质量的"秘密武器"。高校思政课教师如何运用表情语？第一，运用面部表情助力良好课堂氛围的营造。一方面，教师可通过面部表情展现出阳光自信、乐观向上、积极进取的生活和学习态度来感染和影响学生，建立起良好的课堂氛围；另一方面，亦可通过表情适当展现"严肃""严谨""严厉"等面部情绪助力权威话语的传递、课堂秩序的维护等。第二，通过表情变化增强教学语言的感染力和说服力。就思政课教师来讲，可根据话语内容的变化调整表情以更好地实现教学"情感目标"。例如，在讲授中国近代受压迫的历史时，"悲愤"的表情可以助力激发学生内心的爱国激情；在讲授改革开放伟大成就时，"自豪"的表情可以助力增强学生内心的中国自信；在讲解脱贫攻坚战全面胜利和全面建成小康社会时，"幸福""欣慰"的表情可以助力催生学生内心的幸福感、获得感……第三，通过面部表情助力良好师生关系的建立。亲切和蔼的表情能舒缓大学生对思政课教师"冷酷""严肃"的单一化刻板印象，有效助力教师个人魅力的树立，进而拉近师生间的话语距离，建立亲密友好的师生关系。第四，课堂上任何表情的流露都需要得体适度，既不千篇一律、呆若木鸡，也不过于浮夸随性、变化无常，而是应跟随话语内容和话语情感，为教学话语传递和教学目标达成的需要而呈现些许"微变化"。

虽然无声语言是有声语言的辅助，但有时往往正是无声语言的配合产生有声语言无法比拟的"无声似有声"的语言艺术效果。故而在高校思政课教学语言艺术水平的提升方面，无声语言的配合和辅助亦是其中不可忽视的一环。

结　语

　　高校思政课教学语言艺术水平的提升并非彻底摒弃传统高校思政课教学的话语内容，也并非完全颠覆传统高校思政课教学的语言表达方式，亦不是将生活语言、网络语言、流行语言、大众语言等直接拿来形成高校思政课教学语言的资源库，而是旨在以传统高校思政课教学的语言表达为基础对传统语言生产、语言载体、语言权利、语言语境、语言风格等加以改革创新，以理论话语的学理魅力、生活话语的温情脉脉、政治话语的严谨科学加之平等的话语沟通、新潮的话语载体、融洽的话语氛围、融合的话语圈层、畅通的话语反馈，实现思想政治教育话语的现代转向与高校思政课传统话语体系的有效补充和有机耦合，从而提升高校思政课教学语言的艺术魅力和高校思政课教学的实效。

　　习近平总书记在学校思想政治理论课教师座谈会上强调："办好思想政治理论课关键在教师，关键在发挥教师的积极性、主动性、创造性"[①]。思政课教师的"话语能力"对教学实效性起着直接影响；思政课教师的"话语魅力"对师生关系发挥潜移默化的作用。高校思政课教学语言艺术水平的提升正是从高校思政课教学语言的"供给侧"入手，聚焦高校思政课教师"如何说"的艺术，超越陈旧的不经消化、吸收、转译的纯文本迁移式表达，通过各类话语表达技巧的协同效应给受教育者以语言"美"的享受。

　　教学语言艺术是高校思政课教师自觉认知、主动求索的艺术。艺术是个

---

① 习近平. 论党的宣传思想工作[M]. 北京：中央文献出版社，2020：378.

性化、特色化的，教学语言艺术是教育者智慧、素质、能力、气质的个性表现，亦各具特色、精彩纷呈，故没有统一的衡量标准和评价模式，使得其往往成为被遗忘的"空白领域"。近些年，在相关政策方案指导下高校思政课开展了多种提升教育实效性的有益尝试，但实事求是地讲，高校思政课教学语言晦涩抽象、严肃生硬的刻板印象仍未实质扭转；高校思政课堂实效性不高、吸引力不足问题的解决仍任重道远。"如何发声"才能让高校思政课教学语言更加形象鲜活、更具艺术魅力是提升高校思政课教学实效的重要突破口。

教学语言艺术是高校思政课教师的"话语基本功"。教学语言艺术需要教育者具备较高的教学语言运用技巧，从优化语言生产的视角看，需要注重语言资源的充实和语言种类的多元；从革新语言载体的视角看，需要推进语言传递的智能化、动态化；从释放语言权利的视角看，需要语言权利的下沉；从营造语言意境的视角看，需要语言氛围的打造；从转变语言风格的视角看，需要传统语言表达风格和现代语言表达方式扬长避短、相辅相成。虽然高校思政课教学语言艺术需要思政课教师综合巧妙地运用各种语言技巧，难度系数较大，但教学语言艺术理应成为高校思政课教师的"话语基本功"。直面当下高校思政课教学语言艺术不足的现状开展批判性审视，不再拘泥于传统思政课教学语言的表达模式，探寻提升和改进教学语言表达的良策是高校思政课教师的职责所在。

教学语言艺术的提升并非易事，需要高校思政课教师久久为功的"话语努力"。思政课教学语言艺术水平的提升离不开教师在策略探讨、理论架构层面的苦心钻研。在政治方向为本、教育规律为根、时代发展为基、价值旨趣为魂等原则指导下应使语言表达既蕴正气有内涵、又蕴温情有趣味，既有意义、又有意思，既有品位、又有滋味，这样才能借助语言的创造性表达将高校思政课理论更轻松地探入大学生"耳朵"。

附录：调查问卷

《高校思政课教学语言艺术调研问卷》(学生版)

亲爱的同学：

　　您好！高校思想政治理论课(简称思政课)包括《思想道德与法治》《中国近现代史纲要》《马克思主义基本原理》《毛泽东思想和中国特色社会主义理论体系概论》《习近平新时代中国特色社会主义思想概论》《形势与政策》等课程。为提升高校思政课教学质量、助力大学生成长，我们迫切需要更准确地了解一些情况，以便教师有针对性地改进思政课教学。请选择您认为合适的选项，答案没有对错之分，按真实想法作答即可。此问卷不记名，并且仅用于科学研究。谢谢您的配合。

1. 您的性别是：
   A. 男　　　　　　　　　　B. 女
2. 您所在的年级：
   □大一　　　　　　　　　□大二
   □大三　　　　　　　　　□大四
3. 请问您学习过以下大学思政类课程中的哪几门课程？（多选）
   □思想道德与法治
   □中国近现代史纲要
   □马克思主义基本原理

□毛泽东思想和中国特色社会主义理论体系概论

□习近平新时代中国特色社会主义思想概论

□形势与政策

4. 您是否对思政课感兴趣？

　　□非常感兴趣　　　　　　□比较感兴趣

　　□一般感兴趣　　　　　　□无所谓

　　□不感兴趣　　　　　　　□讨厌

5. 您认为多少同学和您对思政课的兴趣一致或类似？

　　□大部分和我一样（百分之八十以上）

　　□相当一部分和我一样（百分之五十左右）

　　□小部分和我一样（百分之三十左右）

　　□极少数同学和我一样（百分之十左右）

　　□不太了解

6. 您学习思政课的主要动因是什么？

　　□思政课是一门有意义且有意思的课程

　　□思政课教师的个人魅力，喜欢思政课老师

　　□思政课的学分高，影响奖学金和升学就业

　　□思政课是必修课，不学习就很难毕业

7. 上思政课时，您的课堂状态是

　　□从不听讲　　　　　　　□偶尔听讲，看兴趣和心情

　　□大约听一半，做其他事情一半　　□大多数时间在听讲

　　□整堂课都在认真听讲

8. 您认为有多少同学和您上思政课时状态一致或类似？

　　□大部分和我一样（百分之八十以上）

　　□相当一部分和我一样（百分之五十左右）

　　□小部分和我一样（百分之三十左右）

　　□极少数同学和我一样（百分之十左右）

　　□不太了解

9. 上思政课时您如果没有听课，您最经常做的事是哪些？（多选）

　　□没有如果，我认真听课

　　□学习其他科目知识或准备研究生等考试

　　□刷抖音、微博、微信

　　□打游戏

　　□和同学聊天

　　□打盹、睡觉

　　□没有经常做的事，就是经常不听课

10. 您所在班级的思政课抬头率怎么样？

　　□很高　　　　　　　　　□较高

　　□一般　　　　　　　　　□不高

11. 您所在班级的思政课堂氛围如何？

　　□很好　　　　　　　　　□较好

　　□一般　　　　　　　　　□不好

12. 您认为给您上过思政课的老师，哪种风格的居多？

　　□理论水平较高，讲解深入浅出

　　□理论水平较高，但讲解深奥难懂

　　□讲解生动，课堂活跃，与学生互动较多

　　□内容宽泛，有很多教材没有的知识、故事

　　□照本宣科，中规中矩

13. 思政课教师在讲解知识点时是否引经据典？

　　□引用频率非常高　　　　□引用频率比较高

　　□引用频率一般　　　　　□引用频率较低

　　□基本不引用

14. 思政课教师在讲解知识点时是否运用反问、比喻等语言表达技巧？

　　□运用频率非常高　　　　□运用频率比较高

　　□运用频率一般　　　　　□运用频率较低

　　□基本不运用

15. 思政课教师在讲解知识点时是否借助抖音、短视频等多媒体设备及其素材？

　　□借助频率非常高　　　　　□借助频率比较高

　　□借助频率一般　　　　　　□借助频率较低

　　□基本不借助

16. 思政课教师在授课过程中是否大量使用文本话语、政治话语、学术话语？

　　□整堂全是文本话语、政治话语、学术话语

　　□大量使用文本话语、政治话语、学术话语

　　□较多使用文本话语、政治话语、学术话语

　　□较少使用文本话语、政治话语、学术话语

　　□基本不使用

17. 思政课教师是否讲解政治热点和社会关注的公共事件？

　　□讲解度非常高　　　　　　□讲解度比较高

　　□讲解度一般　　　　　　　□讲解度很低

　　□基本不讲解

18. 思政课堂教师是否结合日常生活中的事例开展知识点讲解？

　　□结合度非常高　　　　　　□结合度比较高

　　□结合度一般　　　　　　　□结合度很低

　　□基本不结合

19. 思政课教师是否会运用肢体语言、表情语言等无声语言来辅助教学？

　　□运用恰当、得体　　　　　□运用不恰当、不得体

　　□基本不运用

20. 思政课教师在授课过程中是否会使用一些过渡性语言、衔接性语言、总结性语言？

　　□使用频率比较高　　　　　□使用频率一般

　　□使用频率较低　　　　　　□基本不使用

21. 思政课教师在授课过程中是否会使用一些提问性语言、评价性语言？

　　□使用频率比较高　　　　　□使用频率一般

　　□使用频率较低　　　　　　□基本不使用

22. 您是否喜欢思政课教师的语言表达风格？

　　□非常喜欢　　　　　　　　□比较喜欢

　　□无所谓　　　　　　　　　□不喜欢

　　□比较讨厌　　　　　　　　□非常讨厌

23. 您的思政课教师的语言吸引力怎么样？

　　□吸引力非常大　　　　　　□吸引力比较大

　　□吸引力一般　　　　　　　□吸引力很小

　　□没有吸引力

24. 您的思政课教师的语言亲和力怎么样？

　　□亲和力非常大　　　　　　□亲和力比较大

　　□亲和力一般　　　　　　　□亲和力很小

　　□没有亲和力

25. 您的思政课教师是否与学生开展互动交流？

　　□互动频率非常高　　　　　□互动频率比较高

　　□互动频率一般　　　　　　□互动频率很低

　　□没有互动

26. 您知道您的思政课老师的姓名吗？

　　□知道　　　　　　　　　　□忘记了

　　□只知道姓氏，不知道名字　□只记住个别老师

27. 您认为您的思政课教师在哪些方面值得肯定？（多选）

　　□理论功底　　　　　　　　□课堂氛围

　　□人格魅力　　　　　　　　□语言表达

28. 您认为您的思政课老师应该在哪些方面有所提升？（多选）

　　□理论素养方面　　　　　　□课堂氛围营造方面

　　□个人形象方面　　　　　　□语言表达方面

　　□各方面都需要提升

29. 您认为思政课使您有收获吗？

　　□收获非常大　　　　　　　□收获比较大

　　□收获一般　　　　　　　　□没有收获

30. 您给思政课教师打多少分？

　　□90 分（非常好）　　　　□80 分（好）

　　□70 分（一般）　　　　　□60 分（及格）

　　□60 分以下（不及格）

31. 您给思政课教师的课堂教学语言打多少分？

　　□90 分（非常好）　　　　□80 分（好）

　　□70 分（一般）　　　　　□60 分（及格）

　　□60 分以下（不及格）

32. 您对思政课教学还有什么建议？您对思政教师的语言表达还有什么建议？请简要概括。

《高校思政课教学语言艺术调研问卷》(教师版)

尊敬的老师：

　　您好！思政课是高等教育的必修课程，是习近平总书记关注、关心的课程，提升思政课教学质量是每一位思政课教师的责任。为提升高校思政课教学质量、助力大学生成长，我们迫切需要更准确地了解高校思政课教师教学语言运用的相关情况。恳请占用您宝贵的时间填写此调查问卷。此问卷不记名，并且仅用于科学研究。为保障科学研究的严谨性，烦请您如实填写。

1. 您的性别

　　□男　　　　　　　　　　　□女

2. 您的年龄区间

　　□50 岁至 60 岁　　　　　□40 岁至 49 岁

　　□30 岁至 39 岁　　　　　□30 岁以下

3. 您从事思政课教学的时间

　　□20 年以上　　　　　　　□10 年至 19 年

　　□5 年至 9 年　　　　　　 □5 年以下

4. 您的职称是

　　□教授　　　　　　　　　　□副教授

　　□讲师　　　　　　　　　　□助教

5. 您最初选择思政课教师这一职业的原因？（多选）

　　□热爱思政课教学　　　　　□喜欢钻研马克思主义理论

　　□思政课教师准入门槛较低　□思政课教学比较轻松

　　□学校岗位分配　　　　　　□其他原因

6. 您是否喜欢思政课教师这一职业？

　　□非常喜欢　　　　　　　　□比较喜欢

　　□一般喜欢　　　　　　　　□不喜欢

7. 您是否注重自身马克思主义理论素养的积累学习？
   □非常注重　　　　　　　　　□较为注重
   □一般注重　　　　　　　　　□基本不学习

8. 您认为对一名思政课教师来讲，教学语言表达的艺术重要吗？
   □非常重要　　　　　　　　　□较为重要
   □一般重要　　　　　　　　　□不重要

9. 您认为自身的教学语言表达水平如何？
   □非常高　　　　　　　　　　□比较高
   □一般　　　　　　　　　　　□比较差

10. 在课堂教学过程中是否注重借助网络新媒体平台积累语言素材？
    □非常注重　　　　　　　　　□较为注重
    □一般　　　　　　　　　　　□偶尔
    □从不

11. 在课堂教学过程中是否给予学生一定的话语权？
    □给予较大话语权　　　　　　□给予一定话语权
    □给予少量话语权　　　　　　□基本不给予话语权

12. 在课堂教学过程中是否有意识运用反问、比喻等多种语言表达句式？
    □经常　　　　　　　　　　　□偶尔
    □从不　　　　　　　　　　　□刻意回避

13. 是否关注政治热点和社会公共事件？是否会在课堂讲解？是否会回应学生在相关方面的质疑？
    □经常　　　　　　　　　　　□偶尔
    □从不　　　　　　　　　　　□刻意回避

14. 在课堂教学过程中您是否有意识结合学生日常生活中的事例和话语开展知识点讲解？
    □经常　　　　　　　　　　　□偶尔
    □从不　　　　　　　　　　　□刻意回避

15. 在课堂教学过程中您是否有意识运用肢体语言、表情语言等无声语言增强课堂话语传递效果？

    ☐经常有意识运用 ☐偶尔有意识运用

    ☐会运用，但多为无意识 ☐从不

16. 在课堂教学过程中您是否有意识使用一些过渡性语言、衔接性语言、总结性语言？

    ☐经常 ☐偶尔

    ☐从不 ☐刻意回避

17. 在课堂教学过程中您是否有意识使用一些提问性语言、评价性语言？

    ☐经常 ☐偶尔

    ☐从不 ☐刻意回避

18. 在课堂教学过程中您是否有意识注重语言节奏和语音语调？

    ☐非常注重 ☐较为注重

    ☐一般 ☐偶尔

    ☐从不

19. 您所在的思政课堂，学生的话语表达诉求和愿望是否强烈？

    ☐十分强烈 ☐较为强烈

    ☐一般 ☐很沉默，几乎没有话语表达诉求

20. 您在思政课教学过程中最为注重哪个教育目标？

    ☐知识点的灌输和讲解

    ☐意识形态引导

    ☐学生的思想境界的提升和精神家园的构建

    ☐学生认识及解决问题能力的提升

21. 预设的教学目标能在多大程度上完成？

    ☐全部可以完成

    ☐大部分可以完成

    ☐完成一半左右

    ☐仅有少部分可以完成

    ☐按照规定讲解，不太关心能否完成

22. 您在授课过程中是否有意识地注重思政课教学语言的价值所指，教学效果能否助益大学生精神境界的提升？

    ☐非常注重，提供很大助益　　☐较为注重，提供较大助益

    ☐一般，提供一定助益　　　　☐不注重

23. 您是否有意识地注重和提升教学语言表达的艺术水平？

    ☐非常注重　　　　　　　　　☐较为注重

    ☐一般　　　　　　　　　　　☐不注重、未注意

24. 您对自己教学语言的哪几方面比较满意？（多选）

    ☐语言感染力　　　　　　　　☐语言亲和力

    ☐语言把控力　　　　　　　　☐语言说服力

    ☐语言学理性　　　　　　　　☐语言文采性

    ☐语言趣味性　　　　　　　　☐其他

25. 您所在的思政课堂的教学实效如何？是否实现了与学生的话语通达？

    ☐很好，完美实现　　　　　　☐较好，很好实现

    ☐一般，基本实现　　　　　　☐不好

26. 您认为当前高校对思政课教学语言艺术的重视程度如何？

    ☐非常注重　　　　　　　　　☐较为注重

    ☐一般　　　　　　　　　　　☐不注重

27. 您认为当下思政课教学过程中语言艺术不足的主要原因是？

    ☐相关部门重视少　　　　　　☐相关培训数量少

    ☐教师个人努力少　　　　　　☐学生不太关注

    ☐思政课性质原因　　　　　　☐其他原因

28. 您对今后提升高校思政课教学语言艺术水平有哪些建议？请简要概括。